KB260789

하사비스처럼 알파고하라

하사비스처럼

구글 딥마인드 CEO 하사비스의 혁신 철학

알파고하라

인공지능 알파고의 아버지 하사비스,
역발상에서 혁신을 찾다!

유종민 지음

도서출판**타래**

하사비스처럼 알파고하라

초판 1쇄 발행 | 2016년 5월 20일

지 은 이 | 유종민
펴 낸 이 | 이성범
펴 낸 곳 | 도서출판 타래
책임편집 | 정경숙
편　　집 | 노세린
디 자 인 | 김인수
인　　쇄 | 우일프린테크

전　　화 | (02)2277-9684~5, 070-7012-4755 / 팩스 | (02)323-9686
전자우편 | taraepub@nate.com
출판등록 | 제2012-000232호

ISBN 978-89-8250-083-1　13320

구글 딥마인드 CEO, 하사비스에게 길을 묻다

알파고는 '알파(Alpha)'와 '고(Go)'라는 두 개의 단어를 합친 이름이다.

'알파'는 그리스어 자모의 첫째 글자로 영어의 A에 해당한다. 이 때문에 '최초, 처음, 첫째 가는 것' 등의 의미를 내포하고 있다. '고'는 바둑을 뜻하는 한자 '기(碁)'의 일본식 음독이다.

따라서 알파고는 '바둑에서 첫째가는 것'을 의미한다고 할 수 있다.

하지만 이 책의 표지에 쓰인 알파고는 좀 더 다른 의미이다.

여기서의 고는 바둑이 아니라 GO(가다)라는 의미이다. 즉 하사비스처럼 '처음 나아가라'는 의미를 담고 있다.

인류에게 있어 처음 나아간 것을 꼽는다면 아폴로 11호가 달에 착륙해 달 표면에 최초로 인류의 족적을 남긴 것을 들 수 있다.

2016년 2월, 알파고 신드롬이 한국을 강타했고, 알파고를 개발한 데미스 하사비스는 첫 대국이 승리로 끝난 후 "승리! 우리는 달에 도착했다."는 글을 남겼는데, 그의 이 같은 말은 아폴로 11호를 타고 달에 첫 발을 내딛은 닐 암스트롱의 "이것은 한 인간에게는 한 걸음이지만 인류에게는 위대한 도약이다."라는 말과 일맥상통하는 것이다.

전 세계는 매 대국을 실시간으로 중계할 정도로 엄청난 관심을 가졌으며, 알파고의 아버지 하사비스를 주목하게 되었다.

이처럼 인공지능에 대한 관심과 미래 인류에게 엄청난 혜택을 안길 인공지능의 중요성을 감안한다면 인공지능 개발자의 철학과 개발 배경에 대해 알아 볼 필요가 있다.

하사비스는 자신의 욕망을 찾아 그에 몰두했고, 자신의 삶을 바꿔줄 멘토를 만나 길을 열었다. 또한 세상과 소통하고 세상을 바꾸는 스토리텔링을 맛깔나게 해낸 희대의 과학자이자, CEO다.

이 책은 그동안 알려지지 않은 알파고 개발의 비하인드 스토리와 개발자 하사비스가 아닌 인간 하사비스의 삶을 위주로 기록되었고, 다음과 같이 크게 세 부분으로 구성되어 있다.

1부 '하사비스, 인간의 두뇌를 뛰어넘다'에는 하사비스의 어린 시절부터 그가 딥마인드를 설립하기까지의 과정을 담았다.

2부 '딥마인드, 알파고 신드롬을 낳다'에는 알파고가 나오게 된 배경과 대국에 이르기까지의 과정을 담았다.

3부 '알파고처럼 생각하고, 하사비스처럼 실행하라'에는 하사비스의 힘은 무엇이며, 그의 인생 철학과 혁신 과제, 성공 요인은 무엇인지를 분석하고 우리가 그에게 배워야 할 점은 무엇인지를 알아본다.

웹(www) 창시자 팀 버너스 리는 하사비스를 '지구라는 행성에서 가장 똑똑한 사람'이라고 지목하였다. 자신을 가리켜 '검은 양과 같은 외계인'이라고 부른 하사비스, 그는 과연 천재일까? 외계인일까?

　그가 세계 체스 챔피언 2위, 희대의 히트작 블랙 앤 화이트 게임 개발자, 기억과 상상의 메커니즘을 밝힌 뇌과학자, 컴퓨터공학에 뇌과학을 접목한 인공지능 개발자, 이세돌 9단과의 대국으로 알파고 돌풍을 일으킨 구글 딥마인드 대표라면 어느 정도 답은 명확해진다. 즉 그는 지독한 도전자일 뿐이다.

　따라서 이 책을 한 천재에 대한 전기나 IT 과학 서적이라는 기대감을 가지고 보면 곤란하다. 이 책은 한 인간을 수많은 도전으로 이끈 몰입의 힘과 역발상의 혁신, 나아가 오늘날 알파고 신드롬을 불러일으킨 하사비스의 승부사적 근성과, 사람들과의 소통을 통해 세상을 바꾸는, 그만의 스토리텔링에 대해 알아보는 책이다.

　이제는 숨을 고르고 그동안 언론의 뜨거운 스포트라이트 뒤에 가려진 한 인간의 치열한 삶을 들여다 볼 때다.

저자 유종민

I think it'd be cool if one day an
AI was involved in finding a new particle.

제1부

하사비스,
인간의 두뇌를 뛰어넘다

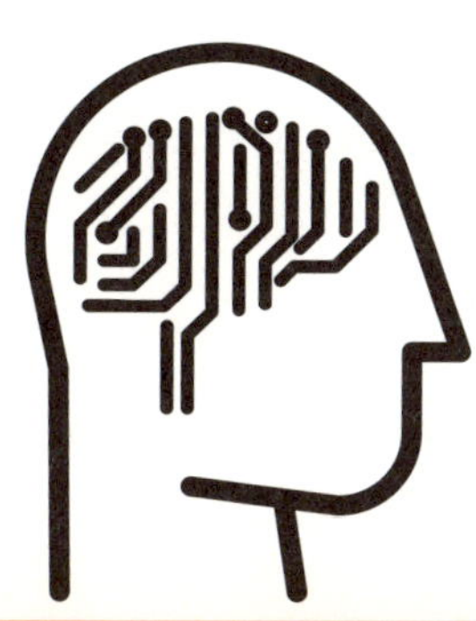

스티브 잡스와 하사비스

혁신의 아이콘, 스티브 잡스

스티브 잡스는 단순히 개발자 출신의 CEO를 뛰어넘는다. 그에게는 항상 혁신의 꼬리표가 따라다닌다. 그가 만든 애플사의 "Think Different" 광고 카피처럼 그가 만든 것은 다르며, 그의 정체성이 담겨있다. 누가 설명해 주는 것이 아닌 제품 스스로가 말하는 것이다. 아이폰이야말로 그 대표적인 사례라고 할 수 있다.

데미스 하사비스는 오늘날 알파고의 아버지, 인공지능의 대가로 불린다. 하사비스는 알파고를 개발한 개발자이자 구글 딥마인드의 대표이기도 하다. 이세돌 9단의 대국에서 알파고의 승리로 그는 단박에 유명인사의 반열에 오르는데, 스티브 잡스가 아이폰으로 이동통신 시장에 혁신을 가져 왔다면 하사비스는 알파고로 인공지능 시장에 혁신을 가져왔다는 말이 나올 정도다.

사각의 알고리즘

스티브 잡스의 세계관이 '윈도우로 대변되는 사각의 창'이었다면 하사비스는 '바둑판으로 대변되는 사각의 링'이다.

즉 스티브 잡스가 시커먼 모니터에 프롬프트가 깜빡이는 화면을 마우스가 움직이는 윈도우로 바꿔 놓았다면, 하사비스는 멀게만 느껴지는 인공지능을 19×19 사이즈의 바둑판으로 만들어서 우리의 눈앞에 펼쳐 보였다고 할 수 있다.

또한 그는 단순히 알파고라는 소프트웨어를 설명하는 것이 아니라, 이세돌 9단을 사각의 링 위에 같이 세움으로써 기계와 인간이 붙게 만들었다. 그 결과 알파고의 승리로 끝이 났고, 그 승리 자체만으로 인공지능의 미래를 보여주었다. 즉 어려운 과학 용어를 붙여가며 설명하는 것이 아닌, 한판 승부를 걸어 세상 사람들이 스스로 얘기하게 만드는 것이나.

하사비스는 19개의 가로줄과 세로줄의 교차점으로 만든 바둑판을 통해서 그가 꿈꾸는 미래를 보여준 셈이다.

점의 연결, 수의 연결

스티브 잡스가 한 말 중 스탠포드 대학 졸업식에서 한 연설이 많이 회자되고 있다.

그 자신은 리드 대학교 중퇴 학력이 고작이었지만, 세계적으로 몇 손가락 안에 드는 스탠포드 대학에서 연설을 한 것이다.

스티브 잡스는 여기서 크게 세 가지의 주제를 얘기했다. 점의 연결, 사랑과 상실, 죽음 이 세 가지다.

점의 연결에서 그는 살아온 과정 하나 하나는 점이고, 전혀 무관해 보이는 이 점들이 나중에는 서로 연결된다는 점을 강조한다. 즉 당장은 의미없어 보여도 언젠가는 연결된다는 믿음을 가진다면 훗날 그 점들이 연결된다는 것이다.

　데미스 하사비스의 삶을 따라가다 보면 그의 삶 역시 마치 한 판의 바둑을 보는 것처럼, 무수한 '수'로 이루어져 있음을 알 수 있다. 때로는 돌을 잃기도 하고 돌을 따기도 하며, 마치 바둑의 흰 돌, 검은 돌처럼 인생의 명암 속을 오간다.

　그래서 어떤 때는 그가 내려놓은 수많은 수들이 전혀 연관이 없어 보일 때도 있다. 하지만 바둑이 끝나고 나면 비로소 그 '수'의 의미가 드러나고 절로 고개가 끄덕여진다.

　즉 하사비스가 인공지능의 대가로 성장한 데에는 그가 체스 선수에서 게임 개발자로, 게임 개발자에서 뇌 인지 과학자로, 수많은 점을 찍어오는 과정에서 그 점을 이은 결과 오늘날 알파고라는 그림이 완성된 것이다.

　호시우행(호랑이처럼 보고 소처럼 우직하게 나아가라)의 고사성어처럼 멀리 내다보되 한발 한발 꾹꾹 눌러 나아가야 한다. 중요한 것은 속도가 아니라 방향이다. 매 순간 최선을 다해야 한다. 이는 스티브 잡스가 스탠포드 대학 연설문에서 말한 "Stay Hungry, Stay Foolish(계속 갈망하라, 여전히 우직하게)"와도 상통한다. 즉 결과를 따지지 않고 매 과정 최선을 다할 때 뜻하지 않은 기회와 가능성이 열리는 것이다.

　스티브 잡스가 말한 "I'm as proud of what we don't do as I am of what we do(우리가 이룬 것만큼 이루지 못한 것도 자랑스럽습니다)."라는 말을 결코 가볍게 들을 수 없는 대목이다.

직관을 쫓아라

스티브 잡스는 위 연설 중 '죽음'이라는 주제에서 다른 사람의 삶을 사느라 시간을 낭비하지 말고 자신의 마음과 직관을 따라 살라고 말한다. 또한 다른 사람의 시끄러운 의견으로 내부의 소리가 묻히지 않게 그것을 멀리해야 함을 강조한다.

하사비스 또한 스티브 잡스가 얘기한 바와 같이 자신의 직관을 따라 살아왔음을 알 수 있다. 이는 13살때 세계 체스 2위 챔피언이던 그가 느닷없이 고등학교 졸업 후 게임 개발자로 뛰어든 것만 봐도 알 수 있다. 즉 체스 선수로서의 안정된 길과 주변의 기대를 버리고 자신의 마음과 직관이 따르는 데로 게임을 선택한 것이다.

그가 인공지능 기술을 구현하는데 있어서 체스보다 더 직관을 요하는 바둑을 선택한 것도 결코 우연이 아니다.

연역과 귀납의 스토리텔링

시중에 나온 스티브 잡스의 책을 크게 세 종류로 나눈다면 '혁신의 아이콘', '프리젠테이션의 달인', '괴짜에 가까운 천재'일 것이다.

특히 스티브 잡스는 매 신제품 출시 때마다 본인이 직접 제품을 들고 나와 프리젠테이션을 했는데, 그의 표현 방식은 오늘날 발표의 교본으로 통할 정도이다.

스티브 잡스는 가장 최적의 스토리텔링으로 자신이 전달하고자 하는 메시지를 전달한다. 그렇기 때문에 지루할 틈이 없다. 화면을 가득 채우는 것은 온갖 도표가 그려진 복잡한 기술 용어가 아닌 단 한 줄의 메시지다. 또한 그는 어려운 과학용어를 거들먹

거리지도 않는다. 어쩌다가 주머니에서 손을 빼내 신제품을 꺼내 드는 것이 고작이다.

그런 점에서 하사비스도 그를 단지 게임 개발자 출신의 고리타분한 과학자나 목에 잔뜩 힘이 들어간 CEO라고 치부하면 곤란하다.

그는 탁월한 이야기꾼이고 승부사이고 흥행꾼이다. 만일 그가 알파고를 개발하지 않고 인공지능이 쫓아야 할 궁극의 목적에만 매달렸다면 오늘날 어땠을까?

만일 그랬다면《오늘 현지 시각 오전 9시 구글 브리핑룸에서 구글 딥마인드(대표 데미스 하사비스)는 딥러닝 강화학습을 통한 인공지능의 기술을 선보였다. 단순히 데이타를 입력받아 명령에 기반한 기능 수행이 아닌 컨볼루션 신경망 기술을 적용한 정책망, 가치망 도입으로 기계 스스로 학습하게 했다. 또 이러한 강화학습을 통해 인간의 직관과 유사한 판단도 내릴 수 있도록 했는데, 이 점은 관련 학계의 주목을 받았다. 향후 구글은 전 세계에 영향을 주는 기후나 의료 등의 문제에 이 기술을 확대 적용해 나가겠다고 밝혔다.》와 같은 과학 단신 기사 몇 줄로 끝났을 지도 모를 일이었다. 하지만 그는 알파고라는 바둑 게임을 세상에 내놓았고, 오늘날 전 세계에 알파고 신드롬을 불러왔다.

침소봉대(작은 일을 크게 불리어 말하는 고사성어)를 무색케 하는 대목으로, 오히려 작은 것으로 큰 것의 가능성을 얘기한 셈이다.

스티브 잡스의 스토리텔링이 혁신을 전제로 한 신제품을 보여주는 연역적 방식이었다면 하사비스의 스토리텔링은 알파고를 통해 인공지능의 혁신을 보여준 대표적인 귀납 사례라고 할 수 있다.

구글 딥마인드? 애플 딥마인드?

아이폰의 대표 기능 중의 하나로 개인 비서 응용 프로그램인 시리(Siri)가 있다. 시리는 사용자가 음성으로 명령하면 연락처나 개인 일정 등을 알려주고, 웹상에서 검색 내용을 바탕으로 날씨나 주가 등 사용자 질문에 대한 답변을 음성으로 제공해 주기도 한다.

시리의 경우 초기에는 앱의 형태로 앱스토어에 올라가 있었는데, 그것의 가능성을 일찍이 알아본 스티브 잡스가 4억 달러에 시리 회사를 인수하면서 아이폰의 기본 기능으로 탑재하게 된다.

기존의 음성 인식이 단어 수준의 명령어와 음성을 텍스트로 변환하는 것이었다면, 시리의 음성 제어는 자연어를 분석하고 처리한 후 피드백해준다. 그래서 제한적이기는 하지만 아이폰과 대화를 할 수 있는데, 여기서 말하는 자연어 처리란 키워드가 아닌 문맥을 파악하는 것이다. 예를 들어 '달력'이나 '일정' 같은 단어를 넣지 않고, '내가 오늘 뭘 해야 되지?' 라고 물으면 달력에 잡힌 오늘의 일정을 알려주는 식이다.

어떻게 보면 알파고가 바둑에 특화된 인공지능이었다면 시리는 자연어 인식에 특화된 인공지능이라고 할 수 있다. 만일 구글이 아닌 애플사가 딥마인드를 인수하였다면 어떤 상황이 벌어졌을까? 즉 구글 딥마인드가 아닌 애플 딥마인드였다면 말이다.

만일 그랬다면 지금보다 더 사용자의 말을 잘 이해하고, 그것을 기억, 학습하며 나중에는 친구 못지 않게 대화가 가능한 시리가 나왔을지도 모를 일이다. 스티브 잡스가 오늘날 살아 있었다면 알파고의 대국 결과를 보고 어떤 생각을 했을지 참 궁금한 대목이다.

아타리 vs Q-네트워크

스티브 잡스와 하사비스 간에는 재미 있는 아이러니가 있다.

스티브 잡스는 리드 대학교 중퇴 후 "즐기면서 돈 버는 곳"이라고 적혀 있던 비디오게임 제조사 아타리의 구인 광고를 보고 한 걸음에 아타리를 찾아간다. 거기서 그는 로비에 들어가 채용해 줄 때까지 버티고 있겠다고 고집을 부리는데, 결국 아타리의 공동 창업자이자 수석 엔지니어였던 앨 알콘의 눈에 띄어 고용이 된다. 여기서 그는 일도 일이지만 복잡한 설명서를 읽을 필요가 없는 직관적이고 단순한 아타리 게임에 많은 영향을 받는다.

거기서 스티브 잡스는 브레이크 아웃이라는 벽돌깨기 프로그램을 만들었는데, 당시 아타리의 창업자인 놀런 부슈널은 스티브 잡스에게 칩을 50개 미만으로 사용한 게임을 만들면 줄어든 칩에 비례해 보너스를 주겠다고 약속했다고 한다. 이에 잡스는 워즈니악에게 보수를 반씩 나누는 조건으로 도움을 청하게 되는데, 당시 워즈니악은 불과 4일만에 45개의 칩만으로 게임을 완성해낸다. 하지만 스티브 잡스는 당초 약속과 달리 아타리로부터 받은 돈 5,000달러 중 고작 350달러만 워즈니악에게 주었다고 한다. 참 얄미운 친구가 아닐 수 없다.

훗날 이 아타리 게임은 하사비스가 만든 알파고의 전신인 Q-네트워크와 맞붙게 된다. 즉 2014년 2월, 하사비스는 논문을 하나 발표하는데, 아타리 2600의 49가지 비디오 게임을 그가 개발한 Q-네트워크 인공지능이 최소한의 사용법만을 가지고 모두 이기는 상황을 보여준 것이다. 스티브 잡스가 한 때 열정을 가지고 만들었던 아타리 게임이 훗날 하사비스의 인공지능 실험 대상으로 쓰이게 될지 누가 알았겠는가!

"One more thing"

스티브 잡스가 항상 프리젠테이션을 할 때 마지막을 장식하는 대미가 있다. 바로 'One more thing(한가지 더)'이다.

그것은 마치 "Attention Please"처럼 프리젠테이션이 끝날 때까지 청중을 집중시키는데, 청중은 그의 입에서 그 말이 언제 나오나 기다리게 된다. 그것은 마치 개그 프로그램의 유행어처럼 중독성이 있다. 개그맨이 방송에서 그 유행어를 뱉으면 자기도 모르게 따라 말하는 식이다. 또한 지금까지 얘기한 것도 충분한데 '한

가지 더'를 외침으로써 사람들의 기대 심리를 자극하려는 목적도 있다.

그럼 하사비스에게 있어 'One more thing'이란 무엇일까?

하사비스의 목표가 전 세계에서 바둑을 제일 잘 두는 프로그램을 개발하는 것이 아님은 물론이다. 그래서 그가 보여준 'One(알파고)'이 아닌 'more thing'에 더 큰 관심이 쏠릴 수 밖에 없는 것이다.

스티브 잡스는 "Older people sit down ans ask, 'What is it?' but the boys asks, 'What can I do with it?'(늙은 사람은 앉아서 '이게 뭐야?'라고 묻는데, 소년은 '내가 이 걸로 뭘 할 수 있지?'라고 묻는다)"라고 말했다.

그만큼 하사비스가 이번 알파고에 적용된 기술을 가지고 앞으로 무엇을 만들어 나가는지가 더 중요하며, 그의 다음 행보가 기대되는 대목이다.

하사비스에게 혁신을 묻다

물론 이번 알파고의 승리 하나만으로 하사비스를 제 2의 스티브 잡스라고 말하기는 무리일 것이다.

하지만 "자기가 세상을 바꿀 수 있다고 생각할만큼 미친 사람들이 결국 세상을 바꾸는 사람들이다."라고 말한 스티브 잡스처럼 하사비스 역시 세상을 바꾸는 쪽에 있다는 것은 틀림없는 사실이다.

하사비스의 빅데이터를 활용한 기술이 기후 등과 같은 범지구적 난제를 푸는데 쓰일 날이 멀지 않았다. 스티브 잡스가 보여준 혁신이 하사비스로 이어질 수 있을지 귀추가 주목된다.

블랙 앤 화이트 // 바둑

하사비스가 케임브리지 대학을 나와 다시 피터 몰리뉴가 있던 라이온헤드 스튜디오에 가서 만든 게임이 바로 블랙 앤 화이트이다. 이 게임은 일명 갓게임으로 전 세계적 열풍을 불러일으키는데, 당시 하사비스는 AI 수석 디자이너로 개발에 참여한다.

플레이어는 게임에서 신이 되어 인간과 매개해 주는 크리쳐를 통해 세상을 통솔한다. 여기서 크리쳐는 동물 모양의 캐릭터로 신이 어떻게 교육시키고 훈련시키느냐에 따라 마을을 괴롭히는 악동이 되거나 마을 주민을 돕는 캐릭터가 되는데, 하사비스가 대학에서 배운 컴퓨터 공학 기술이 다 들어간 인공지능 결정판이라고 할 수 있다.

이 게임의 블랙 앤 화이트는 바로 이러한 플레이어의 선택에 따른 선과 악을 대변하는 색인 것이다.

그런데 아이러니하게도 바둑의 돌도 검은 돌과 흰 돌이다. 대국을 두는 자는 각각 검은 돌과 흰 돌을 골라 잡아 한 집이라도 더 벌고자 승부를 벌이게 된다.

블랙 앤 화이트는 어쩌면 하사비스가 훗날 알파고라는 바둑 프로그램을 만들 것임을 이름에서 암시한 것인지도 모른다.

블랙 앤 화이트 // 바둑

승리! 우리는 달에 착륙했다!

승리, 우리는 달에 착륙했다

2016년 3월 9일, 서울 포시즌스호텔에서 열린 '구글 딥마인드 챌린지 매치' 5번기 제1국에서 알파고가 인류 최고 바둑기사 이세돌 9단을 물리치고 예상밖의 승리를 거뒀다. 이 날 이세돌 9단은 대국을 시작한지 186수 만에 백 불계패했는데, 구글 딥마인드 최고 경영자인 하사비스는 인류가 이룬 또 하나의 기술의 승리라고 자평하며, 자신의 트위터에 알파고의 승리를 달 착륙에 비유하는 글을 올렸다.

하사비스가 알파고의 승리를 달 착륙에 비유한 배경에는 그가 이번 프로젝트명을 아폴로 프로젝트라고 명명한 것에 기인한다. 인류가 달에 첫발을 내딛던 그 역사적 순간만큼이나 인공지능에 대한 그의 열의는 뜨거웠다.

달 얘기가 나와서 하는 말인데, 머니투데이 기사면에도 소개
된 적이 있는 재미있는 일화를 한번 살펴보고 넘어가자.

#미 항공우주국(NASA)은 1969년 아폴로11호 우주선을 달로
쏘아 보내기 위해 달과 비슷한 지형의 사막에 있는 나바호족 인디
언 보호구역에서 우주인을 훈련시켰다. 이들과 마주친 나바호족
의 나이 든 현인 한 명이 우주인들에게 달에 가면 그곳에 사는 신
성한 정령들에게 꼭 메시지를 전달해 달라며 나바호 언어로 짧은
문장을 들려줬다. 우주인이 또박또박 문장을 외운 걸 확인한 뒤
그 현인은 만족스럽게 웃으며 사라졌다. 헤어지기 전 우주인이 뜻
을 물었지만, 대답하지 않았다. NASA로 돌아온 우주인이 직원들
을 수소문한 끝에 나바호 언어 통역자를 찾아 알아낸 문장 내용은
이랬다.

"이 놈들이 하는 말 하나도 믿지 마시오. 당신네 땅을 빼앗으
러 온 거니까."

대한민국 착륙작전

이번 구글의 알파고에 대한 대한민국 착륙 작전은 비교적 성
공적으로 보인다.

특히 온 국민의 엄청난 관심을 끌었는데, 구글과 같은 글로벌
기업이 인공지능의 첫 시험타로 우리나라를 지목했다는 사실에
주목할 필요가 있다. 사실 구글이라고 하면 먼 나라 이야기같이
느끼는 사람이 다수이다. 그런데 그 구글이 대국을 치르기 위해
에릭 슈미트 회장까지 동행하여 방문을 하다니, 충분히 그것만으

로도 이슈가 될 만했다.

그러면 이러한 흥행 몰이 외에도 구글은 이번 대국을 통해 무엇을 얻어간 것일까? 앞서 소개한 달나라 얘기를 한번 떠올려 보라.

이미 구글은 화려한 전리품을 가지고 귀국길에 올랐는데, 2016년 3월 9일부터 15일까지 총 5회에 걸친 대국에서 4승 1패로 알파고가 승리를 거머쥔 것이다.

대국 이야기

대국 첫날, 알파고는 당초 예상과 달리 압도적인 승리를 거둔다. 이세돌 9단이 상식을 벗어난 알파고의 수에 흔들린 것이다. 알파고는 기존에 알고 있던 바둑의 틀을 벗어난 변칙에 가까운 수를 보여 주었고, 186수 만에 백 불계승을 거둔다.

2국에서는 이세돌 9단이 초반을 유리하게 이끌기 시작한다. 1국의 패배 이후 2국에서는 1국의 패배를 만회할 것처럼 점쳐지기도 했다. 하지만 수가 거듭될수록 알파고는 더욱 향상된 수를 보여주었고, 결국 2국도 알파고에게 내주게 된다.

이세돌 9단에게 있어 3국은 무척 중요한 대국이었다. 3국마저 패하면 알파고의 승리로 끝날 판이었다. 하지만 대국 내내 알파고는 이세돌 9단을 압박했고, 결국 3연패라는 충격적인 결과를 이세돌 9단에게 안겨주게 된다.

이미 알파고의 승리로 끝난 마당에 4국은 승부를 뛰어넘은 인류의 자존심을 건 대국이었다. 그만큼 이세돌 9단에게 있어서도 심리적 압박이 무엇보다 큰 대국이었다. 여기서 이세돌 9단은 신

의 한 수로 불리는 78수를 두게 되는데, 이 수가 알파고의 실수를 이끌어낸다. 알파고는 뒤늦은 추격을 시도하지만 이세돌 9단의 초인적인 집중력을 넘어서지는 못한다. 결국 이세돌 9단은 3연패에서 벗어나 감격스러운 첫승을 거두게 된다.

마지막 5국에서 알파고는 마치 작정이라도 한 듯이 초반에 이세돌 9단을 거세게 몰아부친다. 가뜩이나 흑을 선택한 이세돌 9단에게는 좀 불리한 대국이었다. 알파고는 이길 수 있는 최적의 수를 찾아 끝까지 이세돌 9단을 몰아갔고, 이세돌 9단은 280수 만에 흑 불계패를 당하게 된다. 결국 구글 딥마인드 챌린지 매치 5

번의 바둑 대국은 알파고에게 4승 1패라는 화려한 전적을 남기며
종료된다.

최후의 승자는 구글

이번 대국을 통해 구글은 막대한 반사이익을 얻은 것으로 보
인다. 심지어 이번 대국의 최후 승자는 알파고도 아니고 이세돌도
아닌 구글이라는 말이 회자되기도 한다.

이번 이세돌 9단과 알파고의 대결 상금은 공식적으로 100만
달러, 한국 돈으로는 11억원이다.

알파고가 거둔 우승 상금 100만 달러는 유니세프와 STEM(과
학, 기술, 공학, 수학) 교육 및 바둑 관련 자선단체에 기부되는 것
으로 전해졌다.

즉 상금을 포함한 행사 진행비까지 약 20억원 안팎의 비용을
썼지만 이번 대국으로 구글이 얻을 경제적 효용은 천만 달러 이
상이라는 관측도 나오고 있다. 글로벌 AI 시장에서 후발주자라는
딱지를 떼고 구글의 브랜드를 각인시킨 것이다.

IBM을 제치다

현재 인공지능은 구글 뿐 아니라 IBM, MS, 각종 ICT 기업들
은 물론 자동차 업계들도 눈독을 들이고 있는 차세대 먹거리 산업
이다. IBM의 경우 '왓슨'이라는 인공지능을 일치감찌 선보였지만,
이번 대국으로 구글에 밀린 것이 아니냐는 얘기도 나오고 있다.

하사비스는 "IBM 왓슨은 특별한 경우에 필요한 특별한 장비
나 알고리즘을 별도로 만들어야 하지만, 딥마인드의 알파고는 바

둑만을 위해 만들어진 게 아니다."라며 도발적인 발언도 서슴치 않았다.

엄청난 주목

실제로 경기가 시작되자 대국 생중계 사이트에 트래픽이 폭주했고, 5개 방송사가 돌아가며 생방송을 진행했다.

대국 전 열린 기자간담회에 한·중·일은 물론이고 미국과 영국, 독일 등에서 약 300여 명의 기자가 몰려와 알파고의 도전 소식을 본국으로 전했다. 또한 알파고와 이세돌 9단의 대국은 유튜브를 통해서도 생중계 됐는데, 구글의 자회사인 유튜브의 경우, 광고 수익만으로도 엄청난 금액을 벌어들인 것으로 전해졌다.

비단 대국도 대국이지만 알파고와 붙는 이세돌 9단에 대한 관심도 대단했다. 하사비스는 트위터에 구글 트렌드를 캡처한 사진을 공개하면서 "현재 이세돌은 전 세계에서 첫 번째로 관심을 많이 받고 있으며, 7위와 9위도 그가 차지했다."고 전하기까지 했다.

알파고의 아버지 하사비스

단순히 알파고 외에도 알파고를 만든 구글 딥마인드의 최고 경영자인 하사비스에게 언론의 관심이 쏠렸다.

다소 왜소한 체격에 약간 장난끼 많은 악동같은 이미지의 하사비스는 그 이미지만큼이나 독특한 이력을 자랑했기 때문이다.

그는 13살 어린 나이에 세계 체스 챔피언에 오르는 체스 신동이라고 불렸지만, 고등학교 졸업 후 돌연 게임 개발사에 들어가 신디케이트, 테마파크, 블랙 앤 화이트와 같은 역대 히트작을 탄생시켰다.

그리고 케임브리지 대학에서는 컴퓨터 공학을, 유니버시티 칼리지 런던에서는 인지 과학을 전공하며 인공지능 회사 딥마인드를 차렸다. UCL에 있을 때 발표한 기억과 상상 매커니즘을 밝힌 논문은 그해 사이언스가 선정한 세대 10대 과학 성과로 꼽히기도 했다.

웹의 창시자 팀 버너스-리는 하사비스를 "지구라는 행성에서 가장 똑똑한 사람"이라고 불렀으며, 그에 대해 전 세계가 주목하게 되었다.

체스 // 바둑

하사비스의 삶은 체스판에서 시작되었다. 13살 때 세계 체스 2위 챔피언까지 오르는 등 체스 신동이라고 불리기까지 한다. 거의 어린 시절은 체스판에서 보냈다고 할 수 있다.

체스는 그에게 있어 몰입의 힘을 가르쳐 주었고, 또한 그가 게임 개발자로 나서는 데 아날로그적 감수성을 제공한다.

특히 여기서 훈련된 몰입의 기술은 훗날 하사비스가 숱한 도전을 하는데 중요한 자원이 된다.

그랬던 그가 이제는 바둑판으로 옮겨왔다. 바로 알파고인 것이다.

하사비스의 삶은 체스판에서 시작되었지만 오늘날에는 바둑판으로 와서 빛을 보게 된 셈이다.

체스 // 바둑

검은 양 하사비스

검은 양과 같은 외계인

하사비스는 1976년 영국 런던에서 그리스계 아버지와 중국계 싱가포르인 어머니 사이에서 태어났다. 2남 2녀 중 장남으로 태어난 그는 어렸을 때부터 다른 형제들과 달랐다고 한다. 매일 체스와 컴퓨터, 특히 게임을 끼고 살았다고 하는데, 체스에 있어서는 거의 체스 신동이라고 불리울만큼 체스를 잘 두었다.

그런데 여기서 흥미로운 점은 부모는 거의 기계치에 가까울만큼 기계에 대해 문외한이었고, 형제들도 작곡과 피아노, 문학 등에 관심을 가졌을 뿐 과학과는 거리가 먼 사람들이었다는 점이다.

하사비스는 훗날 "집에서 나는 검은 양과 같은 외계인이었다."고 당시를 회상한다.

사실 사람은 가정환경을 무시할 수 없다. 이런 환경만 놓고 본다면 오늘날 알파고의 아버지라고 불리우는 하사비스가 자라온 환경하고는 한참 거리가 멀어 보인다.

하지만 부모나 형제가 기계나 과학에 관심이 없다고 해서 하사비스 또한 응당 그래야 한다고 생각하는 것은 지나친 편견으로, 그것은 지극히 표면적인 요소일 뿐이다.

아버지의 직업이 무엇이고, 집이 부유한지 등은 계량화될 수 있는 환경 요인에 지나지 않으며, 중요한 것은 그 가정을 채우고 있는 문화가 무엇으로 이루어졌느냐이다.

13살 체스 챔피언

하사비스의 아버지는 한 때 런던의 핀칠리 센트럴에서 장난감 가게를 운영한 적이 있었다. 그로 인해 하사비스는 웬만한 장난감은 다 만지고 놀아 보았다.

그런데 어느 날, 우연히 아버지의 삼촌이 체스를 두는 것을 본 하사비스는 그것에 정신없이 빠져들게 된다. 이에 그의 아버지는 하사비스에게 체스 두는 법을 가르쳐 주게 되는데, 하사비스는 체스를 배우기 시작한지 2주 만에 어른들을 다 물리치고 만다.

이때부터 하사비스의 아버지는 그의 재능에 관심을 가지게 되었고, 그가 체스 대회에 출전할 수 있도록 도와주는데, 영국 전역에서 펼쳐진 8세 미만 아동 체스 대회에서 하사비스는 챔피언 자리를 차지한다. 그 때 하사비스의 나이는 불과 5살이었다.

심지어 그는 고작 9살의 나이에 11세 이하 체스 국가 대표팀 주장으로까지 활동하게 되었는데, 당시 소련에 이어 세계 선수권 대회에서 준우승을 차지하기까지 한다.

또한 13살 되던 해에는 Elo Rating에서 2,300점을 받아 헝가리 출신의 주디트 폴가에 이어 세계 유소년 체스 2위 자리에까지 올라간다.

그의 뒤에는 가족이 있었다

그런데, 하사비스가 단지 혼자만의 힘으로 이런 위치에 오를 수 있었을까? 가족의 든든한 후원 없이는 사실 불가능한 일이다.

우리나라의 경우라면 아이가 공부는 안 하고 체스나 게임에 매달려 있다면 커서 뭐가 되려고 그러냐며 공부나 하라고 닦달했을지도 모를 일이다.

하지만 하사비스의 부모는 달랐다. 아이가 체스에 비상한 관심과 능력이 있다는 것을 간파하고 하사비스가 자신의 재능을 키워갈 수 있도록 좋은 환경을 만들어 주었다.

하사비스가 어린 나이에 수많은 경쟁자들과 경기를 치르면서 모든 경기에서 이기기만 하지는 않았을 것이다. 때론 가족들이 패

배 후 어린 아이의 눈에 맺힌 눈물을 지워주며 말없이 같이 울어
주기도 했을 것이고, 경기를 치르기 위해 세계 곳곳을 다닐 때에
는 그림자같이 곁에 붙어 수행했을 것이다. 하지만 언제나 언론의
스포트라이트는 하사비스를 비출뿐 가족의 이런 노력은 크게 조
명 받지 못한다. 설사 카메라를 들이대더라도 그들은 손사래를 치
며 하사비스의 그림자 속으로 숨었을 것이다.

컴퓨터에 빠지다

하사비스는 세계 유소년 체스 2위의 자리까지 오르는 등 체스
신동으로서 활약을 하지만 컴퓨터 프로그래밍에도 빠지게 된다.

하사비스는 8살 때, 미국인 일렉스 창을 3승 1패로 이기면서
상금 200유로를 받는데, 그는 그 돈으로 ZX Spectrum이라는 컴
퓨터를 구입한다.

그는 컴퓨터를 부팅하지마자 바로 프로그래밍을 할 수 있다
는 점에 매료되어 아버지와 같이 포일스에 가서 컴퓨터 서적을 닥
치는데로 읽기 시작한다. 컴퓨터야말로 창의력을 마음껏 촉발시
키는 마법의 도구라는 것을 깨달은 것이다.

사실 컴퓨터나 게임에 매달려 있는 11살의 자식을 어느 부모
도 곱게 보지는 않는다. 컴퓨터를 거실에 내놓고 부모의 감시를
받으며 하게 하거나, 그나마 그것에도 이용 시간 제한을 두어 칭
찬 받을 만한 일을 했을 때 무슨 상이라도 주는 것처럼 컴퓨터를
쓰게 했을 수도 있다. 그런데 그마저도 컴퓨터 게임에 매달려 있
다면 등이라도 떠밀어서 공부방에 밀어넣지 않았을까? 만약 이런
환경이었다면 하사비스가 오늘날 세계의 주목을 받는 인공지능

의 대가로 성장할 수는 없었을 것이다.

인공지능에 눈뜨다

하지만 역시 하사비스의 부모는 남달랐다. 그의 체스에 대한 열망 못지 않게 컴퓨터에 대한 하사비스의 건전한 관심을 지켜주고자 노력했다.

체스뿐만 아니라 컴퓨터에도 놀라운 재능을 보이는 하사비스를 본 그의 아버지는 집에서 그를 가르치기 시작했다. 대신 집안의 생계는 영국의 존 루이스 백화점에서 일하는 어머니가 챙겼다.

하사비스는 11살이 되자, 핀칠리 지역의 크라이스트 컬리지 부속 종합 중등학교에 들어간다. 그는 여기서 본격적으로 게임을 개발하기 위해 코모도어 아미가 프로그램을 구입하는데, 바로 이 때부터 인공지능에 대한 관심을 키우기 시작한다.

한 예로 오델로 게임을 개발하여 자신의 동생과 대결을 시켰고, 동생을 이기기까지 했다. 말하자면 오델로 인공지능이었던 셈이다.

이 때부터 하사비스는 체스보다는 컴퓨터에 더 큰 관심을 가지게 되고, 자신의 길이 체스가 아니라 컴퓨터라는 점을 깨닫기 시작한다.

세심한 관찰과 존중

흔한 말로 교육자 집안에서 교육자 나오고 음악가 집안에서 음악가가 나온다고 한다. 그만큼 부모나 형제의 영향은 무시할 수 없기 때문이다. 특히 관심사라든지 취미 활동 등은 어떤 형태로도 엮이게 마련이다.

그러다 보면 타고난 재능이나 천부적인 자질 등이 이런 가족 문화에 희석되는 경우도 발생하게 된다. 자신의 끼를 발휘할 기회를 박탈당하거나 또는 자신하고 무관한 다른 것을 강요받기도 한다.

하지만 하사비스의 가족에게는 흔한 가족에게서 볼 수 없는 세심한 관찰과 상호 존중, 이 두 가지가 있었다.

즉 세심한 관찰을 통해 하사비스가 어떤 끼를 가지고 있고, 어디에 관심이 많은지 조기에 재능을 발견한 것이다. 또한 그의 부모는 관찰한 것을 토대로 그러한 재능이 잘 발현될 수 있도록 그의 사적 영역을 존중해 주었다. 설사 그것이 그들 자신의 관심사나 취향, 그리로 각자의 꿈과 다른 것이라고 하더라도 말이다. 즉 서로의 다름을 인정한 것이다.

이런 토대 속에서 하사비스의 꿈은 방해받지 않고 자라날 수 있었다.

다름의 존중

더 나아가 기계라면 질색을 하고 음악, 문학 등에 관심이 많았던 형제들은 어린 하사비스에게 다양한 자극을 주고 감수성을 키우는데 일조했다.

컴퓨터나 기계와는 무관하며, 얼핏 배치되어 보이기까지하는 음악과 문학의 세계가 어린 하사비스의 감성을 자극하는데 도움을 준 것이다.

그러기 위해서는 이러한 서로의 다름을 존중하고 그것을 수용할 수 있는 집안의 분위기가 결정적인 작용을 해야 하는데, 이는 오늘날 다민족을 한데 어우르는 공동의 정신인 상호 존중 정신이 없었으면 불가능한 것이었다.

이런 환경 속에서 하사비스는 과학적 지식뿐만 아니라, 문화 예술적 감수성도 키워나갈 수 있었다.

이것은 마치 비료와도 비견할 수 있는 것으로, 비료는 비록 냄새가 고약하지만 그것이 흙에 배어들면 토양이 비옥해져서 줄기가 튼튼해지고 탐스런 꽃이 피는 것과 다르지 않다. 즉 문학, 음악적 자극이 하사비스가 하는 일에 직접적인 영향을 주지는 않았더라도 어떤 형태로든 순기능적으로 발현되었을 것이다.

특히 아이폰의 사례에서도 확인되는 바와 같이 단순히 기술력뿐만 아니라, 감성적인 디자인과 그에 소구하는 마케팅은 성공을 위한 필수요소이다.

혁신의 배경

그런 점에서 하사비스는 그리스계 아버지와 중국계 어머니 밑에서 서양뿐만 아니라 어머니의 뿌리인 동양권에 대한 관심을 자연스럽게 키워나갔을 것이다. 그것은 하사비스가 체스가 아닌 동양에서 나온 바둑으로 눈을 돌리는데 영향을 주었을지 모른다. 또 그로 인해 알파고와 유럽 챔피언 바둑 대국에 있어서 중국계 프로기사인 판후이를 선택한 것일 수도 있다.

비단 부모뿐만 아니라, 하사비스는 문학, 음악을 전공하는 형제들 사이에서 과학과 예술의 접점을 넓혀 나가는 사고를 가지게 되었을 것이다.

어쩌면 이런 환경을 통해서 하사비스가 이종간의 결합을 통한 혁신적인 사고를 하는데 도움을 주었다고 생각된다.

15살 게임 개발자

그리고 또 한가지 하사비스에게 남다른 점이 있어 보인다.

즉 하사비스의 경우 고등학교를 졸업하고 바로 대학에 진학하지 않고 컴퓨터 개발사에 취업을 하게 되는데, 사실 이것도 평범한 사람들의 행보와는 전혀 다른 것이다.

하사비스의 경우 훗날 영국 GCE(Genernal Certificate of Education, 고등학교 통합 졸업시험)에서 S-레벨(최상위권)을 받고 영국 최고 명문대학인 케임브리지 대학 퀸즈 칼리지에 진학할 만큼 명석한 두뇌를 타고난 아이였다.

그런데 그런 아들이 고등학교를 졸업하자마자, 15살의 나이에 게임회사에 들어간다고 했을 때 어느 부모가 걱정하지 않았겠는가. 특히 하사비스는 13살이라는 어린 나이에 체스 챔피언에 등극한 아이였다.

우리나라 같으면 체스 하나에 목숨을 걸고 그대로 쭉 잘 나가서 유명한 체스 선수로 이름을 떨치거나, 대학교에 진학하여 유명한 학자가 되거나, 대기업 연구소 등을 목표로 하는 진로를 정했을 것이다.

하지만 하사비스는 이러한 일반적인 수순을 택하는 대신 불프로그라는 회사에 입사를 하게 된다. 물론 이러한 배경에는 영국 사회가 학력을 탄력적으로 수용하는 문화라는 특성이 기인한 바 크다. 하지만 하사비스 부모가 아들의 선택에 조금이라도 갈등이 없었다면 거짓말이었을 것이다. 그러나 결국 아들의 선택을 존중하고 아들의 손을 들어주었기에 하사비스는 본인이 원하는 길을 계속해서 갈 수 있었다.

옛말에도 가화만사성이라는 말이 있다. 즉 집안이 화목하면 모든 일이 잘 이루어진다는 것을 의미하는데, 하사비스가 속한 가정은 그가 자신의 꿈을 펼치는데 있어서 좋은 울타리를 제공했다.

검은 양을 키운 울타리

하사비스가 자신의 꿈을 펼치고 오늘날 인공지능의 아버지라고 일컬어지기까지, 가족들은 긍정적인 눈으로 묵묵히 그를 지켜봐 주었다. 불가능을 가능케 하는 힘은 무한한 신뢰에서 나온다. 가족 상호 간에도 서로 다름을 존중하고 더 나아가 건전한 자극을 주었기에 단순히 과학자로서의 하사비스가 아니라 혁신을 주도하는 인물로 성장했다는 점은 틀림없는 사실이다.

세상의 모든 위인은 어린아이였던 적이 있었고, 그 시기에 적절한 교육과 가정환경이 있었기에 오늘날 위인으로 성장하는 토대가 만들어졌다는 점을 잊어서는 안 된다.

남들과는 달랐던 자신을 하사비스는 검은 양이라고 지칭했지만, 가족들의 든든한 울타리 안에서 방해받지 않았기에 그는 자신의 속성을 버린 평범한 흰 양이 되지 않고, 훌륭한 검은 양으로 자랄 수 있었다.

딥블루 // 딥마인드

1997년, 세계 체스 챔피언을 꺾은 컴퓨터는 IBM의 딥블루다.

그리고 하사비스가 본격적으로 인공지능 개발을 위해 만든 회사 이름도 딥마인드다. 이름에서 유사성이 느껴지지 않는가?

사실 딥블루는 '은하수를 여행하는 여행자에 대한 안내서'라는 과학소설에 등장하는 상상 속의 컴퓨터 이름인 '깊은 생각(deep thought)'에서 나온 것으로, 여기에 IBM을 상징하는 색인 Blue와 합쳐져서 나온 이름인 것이다.

딥블루가 체스라는 게임을 통해 인간을 최초로 꺾은 컴퓨터로 이름을 날렸고, 딥마인드가 바둑으로 인간괴 대결하어 인간을 이긴 알파고를 마든 회사라는 점에서 아이러니가 아닐 수 없다.

딥블루 // 딥마인드

그래도 아날로그다

디지털의 유혹

하사비스는 13살때 세계 체스 챔피언이 될 정도로 체스 신동이었다.

그가 13살이던 때로 거슬러 올라가 보면 2003년이 된다. 2003년의 과학기술 수준을 한번 떠올려보자. 당시에는 스마트폰이 나오기 전이지만 인터넷 기술은 나날이 진보하던 시기였다. 인터넷이 사회 생활 전반으로 확산되던 그때는 연일 인터넷 관련 책자가 나올 정도로 인터넷 부흥기였다. 그에 따라 PC방이 성업을 했으며, 연일 스타크래프트 게임이 화제가 되던 시기이기도 했다.

당시 하사비스는 체스뿐만 아니라, 컴퓨터나 게임에도 체스 못지 않게 빠져 살았다.

사실 체스보다는 더욱 자극적이고 즉각적인 반응을 주는 컴퓨터나 게임이 어린 하사비스의 눈에 더욱 매력적으로 보였을지도 모른다. 하지만 하사비스는 체스를 통해 디지털과 아날로그의 경계에서 균형잡힌 유년기를 보낼 수 있었다.

하이퍼링크의 중독

특히 기본적으로 디지털 세상이 중독성을 내포하고 있다는 점에서 그러하다.

거기에는 웹(www)의 기본이라고 할 수 있는 하이퍼링크라는 정보 전달 방식이 기여한 바가 크다.

책과 하이퍼링크를 한번 비교해보자.

책의 경우 첫 장을 펼치면 계속해서 끝까지 읽어나가야 한다. 말하자면 한쪽으로 나아가는 일직선적인 평면 구조다. 그나마 앞 장의 목차를 통해 특정 페이지로 넘어갈 수 있을 뿐이다.

반면 웹 페이지는 이와 다르다. 어떤 단어를 클릭하면 그 단어에 맞는 상세 페이지로 이동하게 된다. 정보 습득 방식에 있어서 책을 일방향적인 평면 구조라고 한다면 웹 페이지의 경우 어디든 점프할 수 있는 입체적인 구조라고 할 수 있다. 따라서 어떤 항목에 대해 심층적으로 이해하는데 있어서는 하이퍼링크 방식이 유리하다고 할 수 있다.

하지만 이러한 하이퍼링크 방식에도 단점이 있다.

하이퍼링크를 통해 손쉽게 원하는 정보만 쫓다보면 정보 편향이 생기게 된다. 그것은 마치 음식을 편식하는 것이나 다름없다. 맛있다고 하나만 계속 먹게 될 경우 영양의 불균형이 초래된다. 즉 자신의 입맛과 흥미에 맞는 컨텐츠만 찾다보면 정보 편향이 점점 심해지는 것이다.

그러다보니 인터넷을 정보의 바다라고 비유할 정도로 매일 엄청난 정보가 쏟아지고 있지만 실제로 얻어가는 정보는 본인의 입맛에 맞는 소수의 정보일 뿐이다.

그만큼 디지털 세상은 원하는 정보를 쉽고 빠르게 찾아가는 데 도움을 주지만, 역설적으로 보고 싶은 정보만 계속 보게 되는 정보 편향 및 정보 소외 현상을 일으킨다.

게다가 이러한 정보 편향이 심해지다 보면 특정 정보에 세뇌당하거나 중독되기까지 한다. 우리가 일베문화에 대해 깊은 우려를 표하는 것도 사이트에 올라오는 글들을 계속적으로 읽거나 사진을 접하다 보면 어느새 동화되게 되고 동류의식을 느끼게 된다는 점이다. 지속적이고 반복적인 노출은 사람의 의식을 바꾸게 되고 계속 거기에 빠져들게 만들기도 한다.

그런 점에서 체스는 하사비스에게 컴퓨터나 게임에만 빠져들게 하지 않고 균형잡힌 사고와 넓은 안목을 심어주는데 도움이 되었다. 즉 체스는 하사비스가 디지털 세계만 탐닉하도록 하지 않고 아날로그적 균형을 잡아주는 무게추 역할을 했다고 할 수 있다.

사실 아무리 스마트한 세상, 디지털 세계가 중요하다지만 아날로그의 힘을 무시할 수는 없다. 아날로그는 비록 디지털과 달리 느리고 불편한 점이 많지만 그 자체에 느림의 미학이 숨어 있는 것이다. 오히려 현대판 바보상자인 스마트폰의 보급으로 아날로그의 중요성이 새롭게 조명받고 있는 것도 그런 맥락이다.

읽다와 보다

스마트폰의 도입으로 사고의 호흡이 갈수록 짧아지고 있다.

스마트폰에 올라온 글을 읽는다는 것이 이제는 읽다가 아닌 보다의 개념에 가까워지고 있다. 그러다보니 어떤 것을 정독하면서 사고의 깊이를 높여가기보다도 눈으로만 훑을 뿐이다.

심지어는 그 글도 읽기가 버거워서 인터넷에 카드뉴스라는 것이 생겨날 정도이다. 즉 읽는 행위는 갈수록 줄어들고 있고 눈을 자극하는 볼거리만 가득하다.

게다가 설령 어떤 것에 관심을 가져 읽는다고 하더라도 눈길을 가로채갈 것들이 수두룩하다 보니 그마저도 쉽지 않다. 그 결과 뭐 하나 깊게 생각하지 못하게 된다. 눈길을 쫓아 이리저리 읽어가다 보면 글을 처음에 읽게 된 목적이 온데간데 없이 사라지고 만다.

콘텐츠를 제공하는 측에서도 어떻게 하면 사용자의 눈길을 빼앗을까에만 초점을 맞추고 있으며, 더욱 선정적이고 자극적인 요소들이 등장한다. 글 내용과 무관한 자극적인 타이틀에서부터 시도 때도 없이 튀어나오는 광고 배너까지 그 형태가 매우 다양해지고 있다. 마치 누가 먼저 사용자의 시선을 빼앗는지 경쟁이라도 하는 듯하다. 비단 이것뿐이랴. 시도 때도 없이 날라오는 톡을 확인하고 답을 달아주느라 시간 가는 줄도 모르게 된다.

TV vs 스마트폰

스마트폰이나 PC가 나오기 전에는 텔레비전이 대표적인 바보상자였다.

하지만 이제는 거실을 떡 하니 차지하고 있는 텔레비전을 제치고, 한 손에 들어오는 스마트폰이 그 역할을 하고 있다. 스마트폰은 그 유익성을 떠나 오히려 텔레비전보다도 더 해악성이 크다고 할 수 있는데, 텔레비전은 여러 명이 보는 경우가 많다 보니 채널을 독점할 수 없어서 자연적으로 제한이 걸렸다면 스마트폰은 무제한이다. 때와 장소도 가리지 않는다. 언제 어디서나 스마트폰을 열면 볼거리가 넘쳐나기 때문이다. 지하철을 타도 열의 아홉은 마치 기도라도 드리는 것처럼 고개를 숙이고 스마트폰을 만지작거리고 있다.

그러다 보니 예전의 책을 통한 진지한 글 읽기나 깊이 있는 사고를 하기가 쉽지 않다. 단지 가십 위주의 기사를 읽고 신변잡기식 글이나 사진을 올리면서 대부분의 시간을 보내게 된다. 또한 선정적인 콘텐츠에 지속적으로 노출이 되면서 과잉 자극을 받는 가운데, 자기도 모르는 사이에 더욱 자극적인 것을 찾게 된다. 일종의 중독 증세를 보이는 것이다.

오죽하면 스마트폰 중독이라는 말이 나왔겠는가.

그런 의미에서 하사비스가 어린 시절 컴퓨터나 인터넷이 아닌 체스에 빠진 것은 그나마 다행이라고 할 수 있다.

특히 체스의 경우 거의 몰입에 가까운 경험을 주는데, 이런 경험이야말로 스마트폰이나 컴퓨터를 통해서는 얻을 수 없는 깊은 사고력과 통찰력을 길러주게 된다. 어쩌면 그의 천재성은 컴퓨터보다도 체스판에서 성장했을지도 모를 일이다.

아날로그 대결

또 한가지 하사비스는 디지털과 거리가 먼 체스를 통해 사람들과 진짜 교류를 하게 된다.

사실 디지털 세상은 말 그대로 사이버 세상이다. 피가 흐르는 사람들간의 대화가 아닌, 인터넷 랜선의 신호가 그것을 대체한다. 보여지는 실체는 없고 익명성 뒤에 자신을 숨길 뿐이다.

하지만 하사비스는 체스를 통해 어렸을 때부터 다양한 사람들을 만나게 된다. 대표적인 사람이 바로 자기와 체스를 두는 상대방이다. 말이 상대방이지 적이나 다름 없다. 매 경기 때마다 실력을 가늠할 수 없는 새로운 상대를 만나면서 묘한 긴장을 느꼈을 것이다. 게다가 경기가 시작된 후에는 상대방 마음의 수를 읽기 위해 온 정신을 집중했을 것이고, 경기가 끝나고 승패가 결정되었을 때에는 승자에게는 존경을, 패자에게는 겸손의 모습을 보여주기 위해 노력했을 것이다. 또한 경기 뒤에는 철저한 복기를 통해 상대에게 배울 점은 무엇인지 묻고 또 물었을 것이다.

그런 점에서 체스는 하사비스에게 어린 나이에 경험할 수 없는 사람에 대한 깊은 성찰을 안겨 주었다고 할 수 있다. 이것은 결단코 디지털이 아닌 아날로그적인 접촉을 통해서만 가능한 일이다. 직접 만나고 겨루고 헤어지는 과정을 통해서만 쌓을 수 있다.

승부사 하사비스

게다가 체스의 경우 말 그대로 승패가 확실한 게임이며, 냉혹한 게임이다. 말 그대로 이기느냐 지느냐의 게임인 것이다. 승패에 있어서 성별이나 나이의 많고 적음은 중요하지가 않다. 승패에는 피도 눈물도 개입할 여지가 없는 것이다.

따라서 하사비스는 체스를 통해 어렸을 때부터 삶의 치열함을 배웠다고 할 수 있다. 또한 하사비스가 오늘날 인공지능의 대가로 성장하기까지 승부사적 기질을 키워주는 데 있어서 체스가 큰 역할을 한 것은 분명하다.

이처럼 체스를 떼어놓고 하사비스를 논한다는 것은 생각할 수도 없다.

하사비스는 단지 컴퓨터나 게임에 빠져 어린 시기를 보낸 것이 아니라, 체스를 통해 삶의 균형을 맞추고 조화로운 성장을 할 수 있었다. 즉 달의 이면처럼 컴퓨터나 게임광으로서의 하사비스 삶 뒤에는 아날로그적인 체스의 삶이 있었기에 다른 면을 더욱 밝게 해준 것이다.

하사비스가 훗날 IT 산업 AI계의 대가로서 우뚝 서는데 필요한 통찰력과 기질, 승부 근성은 이처럼 체스를 통한 아날로그의 감성 속에서 자라고 있었다.

기억 // 상상

하사비스는 그가 차린 엘릭서 스튜디오라는 회사를 폐업한 후 유니버시티 칼리지 런던에서 인지 과학을 전공하게 된다.

그는 여기서 해마를 다친 사람이 단순히 기억력뿐만 아니라 새로운 것을 그리지 못하는 것에 착안, 기억과 상상은 뇌의 같은 부위에서 일어난다는 논문을 발표하게 된다.

기억과 상상은 서로 대립적인 뇌의 작용이라는 기존의 관념을 뛰어넘은 역발상이었다.

그의 기억과 상상간의 매커니즘에 대한 연구는 2007년 사이언스지가 발표한 그 해의 10대 과학 성과 중 하나로 뽑히기도 했다.

몰입, 체스에서 배우다

몰입의 재조명

몇 년 전 몰입이라는 제목의 책이 출간되면서 큰 화제가 되었다.

네이버 지식백과를 찾아보면 몰입이란 무언가에 흠뻑 빠져 심취해 있는 무아지경의 상태를 말하며, 주위의 모든 잡념, 방해물을 차단하고, 자신이 원하는 어느 한 곳에 모든 정신을 집중하는 것을 말하기도 한다.

몰입 이론의 대가 칙센트미하이는 몰입했을 때의 느낌을 '물 흐르는 것처럼 편안한 느낌', '하늘을 날아가는 자유로운 느낌'이라고 했다. 일단 몰입을 하면 몇 시간이 한 순간처럼 짧게 느껴지는, 시간 개념의 왜곡 현상이 일어나며 몰입하는 대상이 더 자세하고 뚜렷하게 보인다. 그리고 몰입 대상과 하나가 된 듯한 일체감을 가지며 자아에 대한 의식이 사라지기도 한다.

이러한 몰입에 대한 학습효과나 긍정적인 측면에 대해서는 여러 매체에서도 소개되었다.

칙센트미하이는 몰입이 잘 되기 위한 조건으로 첫째, 목표가 명확해야 하고, 둘째, 일의 난이도가 적절하고, 셋째, 결과의 피드백이 빨라야 한다고 했다.

게임에 몰입하다

그런 점에서 게임이야말로 몰입을 위한 최적의 대상이라고 할 수 있다. 게임에서는 미션을 클리어해야 한다거나 상대방과의 대전에서 승리해야 한다는 목표가 분명하다. 또한 대부분의 게임에서는 초기 실행시 난이도를 선택하는 메뉴가 있다. 자신의 능력치에 따라 난이도를 맞추어 게임을 진행할 수가 있는 것이다. 또한 게임의 경우 세임 싱에서 한 액션에 대해 실시간으로 바로 피드백을 받을 수 있다. 경우에 따라서는 즉각적인 게임에서 죽임을 당하고 처음부터 다시 시작해야 하는 상황도 발생한다.

어렸을 때부터 체스뿐만 아니라 브리지게임이나 보드게임, 카드게임에 빠졌던 하사비스의 경우에는 생활 자체가 몰입의 총합이었다. 특히 그 중에서도 고도의 사고력을 필요로 하는 체스가 단연 으뜸이었다고 할 수 있다.

물론 몰입은 게임뿐만 아니라 영화를 본다든지 책을 읽을 때도 경험할 수 있다. 하지만 게임은 이러한 것과는 다른 차원의 몰입이다. 영화나 책의 경우 수동적으로 스토리에 이끌린다면 게임은 능동적 참여다. 자신이 직접 스토리 속으로 걸어들어가서 스토리를 이끄는 위치에 서게 되는 것이다. 그런 의미에서 더욱 고양된 몰입이라고 할 수 있다. 즉 객체가 아닌 주체로서의 능동성을 가지는 것이다.

천재의 사고법

몰입이라는 제목의 책을 쓴 서울대 황농문 교수는 천재들의 공통점으로 몰입을 들고 있다. 만유인력의 법칙을 발견한 뉴턴은 먹지도 자지도 않고 생각에 생각을 거듭했다고 한다. "어떻게 만유인력의 법칙을 발견했느냐."는 질문에 "내내 그 생각만 하고 있었으니까."라고 답했다는 일화는 유명하다. 아이슈타인도 예외가 아니다. 아이슈타인은 "나는 몇 달이고 몇 년이고 생각하고 또 생각한다. 그러다 보면 99번은 틀리고, 100번째가 되어서야 비로소 맞는 답을 얻어낸다."고 말하며, 몰입적 생각의 중요성을 얘기하고 있다.

이것은 우리가 소위 천재들의 전유물이라고 생각하는 천재적인 발상이 순간 순간 번뜩여서 나온다고 생각한 것과는 배치되는 얘기다. 세상을 바꾸는 위대한 발견 뒤에는 이렇게 지난한 몰입 과정이 숨어 있었던 것이다. 바꿔 말하면 평범한 사람도 몰입을 통해 지적 능력과 정신을 고양할 수 있다는 것을 의미한다.

몰입을 훈련하다

또한 단순히 몰입의 경험이 문제를 해결하고 창의적인 생각을 하는데만 그치는 것은 아니다. 몰입 경험을 통해 행복감을 고양시킬 수 있다. 소위 물아일치의 경치에 오르는 것이다. 이러한 정신적 충만함은 실로 종교적이기까지 하다. 우리가 신을 믿을 때 느끼는 영적 충만감과 비견할 만한 수준인 것이다.

이러한 몰입의 경지를 하사비스는 특히 체스를 통해 수도 없이 경험했을 것이다. 상대의 다음 수를 가늠하고 어디에 수를 놔야 하며, 승세가 유리한지 불리한지 고도의 집중력을 발휘하며 체스에 임했을 것이다. 그것도 매 한 수 한 수 둘 때마다 똑같은 과정을 반복해야 하는 것이다.

사실 30분이나 1시간 정도는 몰입하는 것이 어렵지 않을 수 있다. 그런데 보통 1시간을 훌쩍 넘기는 체스의 경우 계속적으로 몰입의 상태를 유지한다는 것은 쉬운 일이 아니다. 사람인 이상 쉽게 피로해지거나 주의력이 떨어지기 때문이다.

만일 경기의 경우라면 잠깐 딴 생각하고 한눈을 파는 사이 치명적인 악패를 놓을 수도 있다. 마치 복잡한 뇌수술을 집도하는 외과의나 안전줄 없이 줄을 타는 곡예사처럼 한시의 긴장도 놓칠 수 없는 것이나. 단 한번의 실수가 돌이킬 수 없는 결과를 낳는다. 즉 한 사람을 죽이거나 스스로 죽게 되는 결과가 빚어지는 것이다. 경기라면 승이냐 패가 한순간에 결정된다.

몰입이라는 것은 특히 시간 제한이 걸려 있을 때는 더욱 고도화된다. 체스의 경우 정해진 시간 안에 최적의 수를 내놓아야 하는 것이다. 그러기 위해서는 단순히 몰입으로서의 과정뿐만 아니라, 사고방식도 그에 맞게 훈련되어 있어야 한다. 단순히 체스 게임에 심취해 있는 것이 아닌, 주어진 시간 안에 냉철하게 사고하고 판단하는 과정을 수없이 반복해야 한다.

그런 점에서 하사비스는 체스를 통해 오늘날 인공지능의 대가가 되기까지 어린 나이 때부터 지독한 두뇌 훈련을 했다고 할 수 있다. 표면적으로 보면 체스에 빠져 있다고 볼 수 있으나 결과적으로는 몰입 훈련을 해온 것이나 다름없다.

몰입의 응용

따라서 하사비스는 남들보다 더 빨리, 그리고 더 쉽게 어떤 사안에 대해서 몰입할 수 있었을 것이다. 그것은 비단 체스뿐만이 아니라 모든 경우에 해당된다. 마치 태권도로 단련된 근육을 씨름 기술에 쓰듯이 말이다.

하사비스는 남들보다 2년이나 빠른 15세에 고등학교를 졸업했다. 사실 수많은 체스 경기에 참여했기 때문에 변변히 수업을 잘 들을 수 있는 상황도 아니었을 것이다. 그럼에도 남들보다 2년이나 앞서서 졸업한 것은 특기할 만한 일이다. 그런데 여기서 끝이 아니다. 고등학교 통합 종합시험에서 S-레벨(최상위권)을 받고 졸업을 한 것이다.

이 정도라면 우리는 하사비스가 천재라는 생각을 먼저 하게 된다. 그가 천재이기 때문에 남들보다 쉽게 앞서갈 수 있다고 생각하는 것이다. 요행수로 비범한 두뇌를 타고난 하사비스가 부러울 수도 있다. 하지만 하사비스의 유년기를 아는 사람이라면 그가 그토록 뛰어날 수 있었던 배경으로 체스를 통해 강화된 몰입 훈련을 꼽을 것이다. 즉 하사비스는 체스 경기에서 정해진 시간 내에 최적의 답을 찾아내는 것처럼, 부족한 시간 속에서 몰입을 통하여 학습능력을 최대치로 끌어올린 것이다.

특히 학습에 있어서 몰입은 그 진가를 발휘한다. 단순히 어떤 것을 외우는 암기력뿐만 아니라, 원리를 깨우치는데 있어서 몰입 경험은 그 무엇보다 중요하다고 할 수 있다.

몰입하는 삶을 살다

하사비스의 이력을 보면 하사비스는 자신의 삶을 통틀어 마치 체스의 돌을 놓는 것과 같은 행보를 보였다는 것을 알 수 있다. 하사비스는 어느 날 체스 챔피언 자리에 올랐다가 고등학교를 졸업하자마자 게임 개발사에 취직하게 된다. 또 그 회사를 다니다가 컴퓨터 공학에 흥미를 보여 돌연 회사를 그만두고 케임브리지 대학에 진학을 한다. 그리고 대학을 나와서는 이번에는 비디오 게임 개발사를 차린다. 그러다가 거대기업이 장악한 시장에서는 희망이 없다며 잘 나가던 회사를 때려치우게 된다. 그리고는 뇌과학에 흥미를 보이며 유니버시티 칼리지 런던에서 뇌과학을 연구하게 된다. 그리고 거기서 배운 학문적 지식을 도대로 오늘날 구글 딥마인드의 전신인 딥마인드를 창업하게 된다.

이 정도 되면 거의 갈지자 횡보다. 체스, 취업, 학업, 창업, 학업 이런 식이다. 그렇다면 범인들은 도저히 흉내낼 수 없는 이런 횡보를 가능케 한 원동력은 무엇이었을까? 그것은 무엇보다도 하사비스의 놀라운 몰입력 덕분이다.

몰입은 그 대상을 가리지 않는다. 이것을 해야만 한다는 당위성과 동기 부여만 있다면 몰입력은 거기에 부스터를 달아주는 꼴이다.

몰입력이야말로 하사비스의 삶을 관통하는 핵심 줄기라고 할 수 있다.

IBM // 구글

사실 인간과 기계의 대결은 IBM의 단골 상품이었다.

세계 체스 챔피언을 꺾은 딥블루에서부터 역대 퀴즈왕을 연달아 이긴 왓슨이 그러하다.

이 두 번의 게임을 통해 IBM은 인공지능의 선두기업으로서의 이미지를 구축한다. 실제로 IBM이 마케팅에 이용한 것이라는 다큐도 나올 정도였다.

그도 그럴 것이 인간과 기계의 대결이라는 것 자체가 세간의 충분한 흥미를 끌기에 충분하기 때문이다. 그만큼 인간과 기계의 대결은 SF의 단골 소재로 많이 쓰이기도 했다.

그랬던 IBM이 이번에 구글에게 제대로 한방 맞았다. 구글이 이번에 내놓은 알파고로 전세가 역전된 것이다. 이미 IBM은 의료, 행정, 법률 등 여러 부분에서 인공지능 기술을 상용화하는 등 구글에 비해 상당히 앞서 있었지만, 알파고로 인해 인공지능 선도기업으로서의 자리를 내주게 되었다. IBM은 자신들이 한 방법으로 똑같이 구글에게 당한 셈이다.

체스를 내려놓다

하사비스, 체스를 버리다

하사비스는 남들보나 2년 빨리 고등학교를 졸업한다. 그리고 돌연 불프로그 게임 개발 회사에 개발자로 입사한다. 대학에 진학하지 않고 취업한 것도 놀랍지만, 이미 13살에 세계 청소년 체스 대회에서 2위까지 했던 그가 게임을 개발하겠다고 취업을 했다는 것은 더욱 상상할 수 없는 일이었다. 통상 이 정도면 체스 선수가 되는 것이 상식적인 일이다. 체스 신동이라고 불렸던 그가 체스를 내려놓다니 이만한 파격이 또 있겠는가?

게임의 거장, 피터 몰리뉴를 만나다

사실 하사비스는 체스도 체스지만 지독한 게임광으로도 알려져 있다. 비단 PC 게임뿐만 아니라 브리지게임, 보드게임, 카드게임 등에도 능통했다. 어떻게 보면 체스도 게임이라고 할 수 있다. 어렸을 때부터 게임이 빠져있다 보니 게임에 관심을 가진 것은 당연해 보인다. 하지만 게임을 즐기는 것과 게임을 개발한다는 것은 다른 얘기다. 어쩌면 하사비스는 게임을 하면서 자신이 원하는 게임을 만들어 보자는 생각을 했을지도 모른다.

실제로 하사비스는 케임브리지 대학의 컴퓨터 공학과에 합격하지만 학교측은 16살의 그를 대학생으로 인정하지 못한다. 이에 그는 '아미가 파워'라는 잡지가 개최한 게임 개발대회에 나가 준우승을 차지하는데, 바로 여기서 피터 몰리뉴의 눈에 띄게 된다.

피터 몰리뉴는 당시 불프로그 스튜디오라는 게임 개발사를 운영하고 있었다. 그는 하사비스에게 자신의 회사에서 게임 개발자로서의 인생을 펼쳐보지 않겠느냐는 제안을 한다. 하사비스의 새 삶에 대한 도전의식과 게임에 대한 열정에 기름을 부은 격이었다.

신디케이트를 만들다

불프로그에 입사한 하사비스는 피터 몰리뉴와 함께 첫 작품 신디케이트를 세상에 내놓는다.

이 게임은 2096년 미래를 배경으로 신경칩을 장착한 사람들이 거대기업 연합 신디케이트와 맞서 싸우는 스토리를 담고 있다. 플레이어는 신경 칩을 장착한 신디케이트 요원이 되어 자신의 조직원을 데리고 암살, 세뇌, 타임슬립이나 투시, 해킹 등 다양한 특수 능력을 발휘할 수 있는데, 상대 신디케이트 요원과 영역 싸움을 벌이거나 필요시 경찰이나 시민을 학살하는 등 미션을 완수하기 위해 온갖 악행도 마다하지 않는다. 특히 쿼터뷰 시점의 독특한 구성은 향후 디아블루 등 액션 RPG 게임에 지대한 영향을 준다.

당시로서는 파격적인 640x480의 그래픽을 보여주었으며, 레

벨 디자인과 연출 밸런스, 시나리오 등은 어느 하나 빠지지 않고 타의 추종을 불허할 만했다.

특히 불프로그에서 개발한 게임 특유의 우울한 분위기와 음산한 스토리는 전 세계의 수많은 게이머들을 매료시키기에 충분했다.

신디케이트 레벨 디자인을 맡다

당시 하사비스는 신디케이트 첫 번째 단계의 레벨 디자인을 맡게 된다. 레벨디자인이라 함은 주로 유저의 흥미를 지속적으로 돋우고, 게임에 몰입할 수 있도록 게임 속에 등장하는 배경 구조나 인공지능 오브젝트의 난이도를 조절하는 것을 말한다.

레벨 디자인은 게임성을 좌우하는 상당히 중요한 부분이다. 특히 여기서 하사비스는 인공지능에 눈을 뜨게 되는데, 이는 그가 품고 있는 게임의 세계관과도 무관하지 않다.

게임에 등장하는 사람들은 신경칩 이식을 통해 전에 한번도 해보지 않은 것을 눈 깜짝할 사이에 처리할 수 있다. 그래서 시민들은 칩 이식을 위해 줄을 서며, 자신이 선택한 신디케이트가 제공하는 주택, 의료, 은행, 보험, 교육, 오락과 직장 등의 혜택을 제공받는 대신 신디케이트의 지배를 받게 된다.

하사비스, 인공지능에 눈을 뜨다

바로 여기에서 인간의 뇌에 신경칩을 넣는다는 소재 자체가 훗날 하사비스가 컴퓨터 공학과 뇌 인지 과학을 전공하고 오늘날 인공지능인 알파고를 만든 것과 상당히 연관되어 있음을 알 수 있다. 어쩌면 하사비스는 첫 개발한 신디케이트 게임을 통해서 인간의 뇌와 컴퓨터의 구분선을 없에고 궁극의 인공지능을 만들겠다는 꿈을 키웠을 수 있다.

이는 하사비스가 자신의 홈페이지를 통해 "내가 개발에 참여했던 게임들은 공통적으로 인공지능(AI)과 연관된 익명의 참가자들이 수천 가지의 복잡한 상황과 환경 속에서 겪는 가상 상황을 담고 있다."고 설명한 것과 무관하지 않다.

테마파크

하사비스는 신디케이트 발표 후 다시 테마파크로 대박을 터트린다. 신디케이트를 출시한 지 딱 1년만이다.

게임 이용자가 놀이공원 주인이 되어 자신만의 놀이기구를 배치하고 관람객들을 끌어모으는 테마파크는 전 세계에 수백만 장이 팔렸다.

테마파크는 이후 롤러코스터 타이쿤 등 다양한 타이쿤류 게임의 시초가 되었다. 현재 모바일을 통해 수없이 퍼져 있는 팜류 게임이나 카페 경영게임 등도 그 원류를 따져보면 테마파크에서 비롯되었다고 할 수 있다. 테마파크가 대박이 나면서 게임을 개발한 불프로그는 1995년 EA에 인수되었다.

이 때 하사비스의 나이 17세였다.

대학에서 다시 돌아오다

불프로그를 떠나 캠브리지 대학에서 컴퓨터 공학을 공부한 하사비스는 1998년에 테마파크를 같이 만든 피터 몰리뉴와 재회를 하게 되는데, 이 때 피터 몰리뉴는 불프로그를 나와 라이온헤드 스튜디오를 차린 후였다.

피터 몰리뉴의 게임회사 라이언헤드 스튜디오에 입사한 하사비스는 인공지능 프로그래머로 다시 일하게 된다. 하사비스가 유수의 대학을 나와 다시 피터 몰리뉴에게로 간 것은 일을 떠나 그만큼 그와 코드가 맞았기 때문이라고 할 수 있다. 어쩌면 하사비스는 자신보다 17살이나 많은 피터 몰리뉴를 단순히 몸담고 있는 회사의 대표가 아닌 일종의 스승, 멘토로 여겼는지도 모른다.

라이온헤드 스튜디오에 들어간 하사비스는 캠브리지 대학에서 배운 컴퓨터 공학 지식을 써먹기로 단단히 마음을 먹은 듯 차기작 개발에 자신의 모든 열정을 쏟는다.

희대의 역작, 블랙 앤 화이트를 만들다

그렇게 해서 탄생한 것이 희대의 역작, 일명 갓게임이라고 불리는 블랙 앤 화이트이다. 블랙 앤 화이트는 무려 3년이라는 개발 기간을 거쳐 2001년에 출시됐다.

블랙 앤 화이트의 플레이어는 신이 되어 자신이 창조한 크리쳐를 교육, 진화시켜가면서 세계를 변화시킨다.

크리쳐는 플레이어의 분신과 같은 캐릭터로, 플레이어와 게임 속 인간을 연결시켜 주는 역할을 한다. 또 플레이어가 어떻게 교육시키느냐에 따라 악하거나 선하게 바뀔 수 있다.

그런 점에서 블랙 앤 화이트는 플레이어에게 신이 되는 재미와 크리쳐를 키우는 재미 두 가지를 선사한다.

이 게임은 우리나라에서도 정식 발매되었는데, 초기 물량이 다 떨어져 많은 게이머들이 기다려야 할 정도였다.

인공지능의 방점을 찍다

블랙 앤 화이트를 통해서 하사비스는 케임브리지 대학에서 배운 인공지능 지식을 마음껏 시험해본다.

즉 하사비스에게 있어 크리쳐는 그가 궁극적으로 목표로 하고 있는 인공지능의 초기 모델이었다. 플레이어의 선택에 따라 크리쳐의 성장 방향이 결정되고 플레이어와 교감한다는 점에서 마치 살아 있는 생명체와 같았다.

또 플레이어는 게임에 등장하는 크리쳐를 인공지능이 달린 애완견이라도 되듯이 다루어야 하는데, 실제로 플레이어는 먹는 것에서부터 용변 보는 것까지 크리쳐를 학습시켜야 한다. 어쩌면 여기서 하사비스는 인공지능의 필수 기술인 딥러닝 강화 학습에 대한 영감을 얻었는지도 모른다.

게임 회사를 차리다

하사비스는 피터 몰리뉴를 떠나 자신만의 게임을 만들기 위해 엘릭서 스튜디오라는 게임회사를 창업하기도 했다.

당시 시대를 앞서간 '더 리퍼블릭 : 레볼루션'이나 '이블 지니어스' 등을 출시하면서 한때 60여 명의 개발자를 거느렸던 엘릭서 스튜디오는 마이크로소프트 등 유명 회사와 함께 일하기도 했으나 2005년 돌연 문을 닫는다.

서내 게임 기업이 판을 치는 상황에서 소규모 게임 개발사가 혁신을 지속해 나가는 것이 어렵다는 것이 그 이유였다.

딥마인드를 차리다

하사비스는 엘릭서 스튜디오의 문을 닫은 후 다시 유니버시티 칼리지 런던에 들어가 인지 과학을 전공한다. 그간의 컴퓨터 공학 지식만으로는 인공지능을 구현하는데 있어 한계를 느낀 것이다. 거기서 인지 과학 박사 학위를 딴 하사비스는 오늘날의 구글 딥마인드 전신인 딥마인드 테크놀로지라는 회사를 차린다.

DQN과 알파고

2015년, 딥마인드는 알파고의 형격인 Q-네트워크를 세상에 내놓는다. 2015년 2월에 공개된 Q-네트워크는 고전 비디오 게임인 아타리2600의 49가지 게임을 사람처럼 플레이한다.

초기 Q-네트워크는 아타리2600 게임 중 일명 벽돌깨기 게임
으로 알려진 브레이크 아웃 게임을 실행하는데, 이 게임은 아래쪽
공을 튀겨서 무지개 빛깔의 벽돌들을 하나둘씩 차례대로 깨부수
는 게임이다. 처음에는 사람보다 못한 플레이를 보여주지만, 게임
을 반복하면서 Q-네트워크는 자신의 막대기를 공쪽에 가깝게 붙
여야 한다는 것을 학습한다. 나중에는 벽의 양쪽 끝에 터널을 파
서 공을 벽돌 위로 올리는 전략을 구사하는데, 이는 당시 개발자
들도 예상하지 못한 전개였다.

　Q-네트워크는 브레이크 아웃뿐만 아니라, 격투 게임, 복싱,
그리고 3D 레이싱 게임까지 아타리2600의 모든 게임을 섭렵하게

된다. 그것도 사람이 내는 점수보다 훨씬 높은 점수를 기록한다. 인공지능의 가능성을 입증한 셈이다. 알파고는 Q-네트워크에서 구현된 인공지능 알고리즘을 바탕으로 서서히 형체를 갖춰가기 시작한다.

인공지능, 게임에 눈을 돌리다

하사비스가 인공지능이 도전해야 할 분야로 게임을 지목한 이유는 무엇일까?

그것은 하사비스의 삶을 보면 금방 답이 나온다. 하사비스는 어렸을 때부터 지독한 컴퓨터 게임광이었고, 15살 때부터 게임 개발에 뛰어든 이력이 있기 때문이다. 특히 그가 신디케이트를 개발할 때는 NPC 간의 상호 작용을 다루는 레벨 디자인을, 그리고 블랙 앤 화이트를 개발할 때는 플레이어의 선택에 따라 성향이 바뀌는 크리쳐 등을 구현하면서 인공지능에 깊이 빠져든다.

그리고 하사비스는 게임이야말로 인공지능이 도전해야 할 첫 번째 관문이라고 본다. 그만큼 게임은 같은 게임이라도 플레이어가 어떻게 진행하느냐에 따라 경우의 수가 수시로 바뀌고, 그만큼 사전에 프로그래밍할 수 있는 분야가 아니기 때문이다.

진정한 인공지능은 게임을 통해 스스로 학습을 하면서 최적의 값을 찾아나가야 한다.

하사비스 // 피터 몰리뉴

하사비스와 그의 멘토 피터 몰리뉴에게는 의외의 공통점이 하나 있다.

그것은 다름 아닌 두 사람의 아버지가 장난감 가게를 한 적이 있다는 것이다. 하사비스는 그런 아버지 밑에서 체스를 배운다. 반면 피터 몰리뉴는 수많은 장난감 중에서 세계 최초의 전자게임인 퐁에 매료된다. 결국 할머니의 지갑에까지 손을 댄 피터 몰리뉴는 아타리 2600 게임기를 사서 작동원리를 알아보겠다고 분해해서 망가뜨리기까지 한다.

어쩌면 돌잡이 하듯이 하사비스와 피터 몰리뉴는 장난감 가게를 하는 아버지 밑에서 각각 체스와 게임기를 손에 쥔 셈이다.

하사비스는 피터 몰리뉴와 함께 신디케이트, 테마파크, 블랙 앤 화이트 등 여러 히트작을 개발하게 된다.

특히 하사비스가 피터 몰리뉴에게서 독립한 후 만든 엘릭서 스튜디오라는 회사에서 개발한 이블 지니어스는 피터 몰리뉴가 개발한 던전 키퍼의 후속이라고 회자될 정도로 큰 영향을 받았다.

즉 악당이 주인공이라는 점과 공격보다는 방어에 초점을 맞춘 점이 비슷하다고 할 수 있다.

그리고 하사비스와 피터 몰리뉴가 결정적으로 갈리는 부분이 나온다. 하사비스가 엘릭서 스튜디오를 운영할 때 마이크로소프트로부터 인수 제안을 받는데, 외부의 간섭 없이 자신만의 게임을 개발하고 싶었던 하사비스는 이를 거절한다. 반면 피터 몰리뉴는 마이크로소프트와 손을 잡고 던전 키퍼 등 여러 게임을 개발하게 된다.

게임계에서 두 사람의 행보가 엇갈리는 순간이다.

멘토, 피터 몰리뉴를 만나다

피터 몰리뉴를 만나다

하사비스가 체스를 접고 게임 개발에 뛰어든 데에는 피디 몰리뉴의 영향이 컸다. 피터 몰리뉴는 1959년 영국에서 태어났으며, 하사비스와 만날 당시 불프로그의 대표였는데, 그가 개발한 파퓰러스라는 게임은 어린 하사비스를 매료시키기에 충분했다.

당시 체스 외에도 컴퓨터와 게임에 미쳐 있던 하사비스는 '아미가 파워'라는 잡지가 개최한 게임 개발대회에서 준우승을 차지한다. 그 때 그의 재능을 눈여겨 본 피터 몰리뉴의 제안으로 하사비스는 불프로그에 입사하여 게임 개발자로의 길을 걷게 된다.

어쩌면 바로 이 부분이 하사비스의 인생을 결정적으로 바꾼 순간이라고 할 수 있다. 그만큼 하사비스에게 있어서 피터 몰리뉴는 스승이자 멘토였다.

장난감 가게의 아들, 피터 몰리뉴

피터 몰리뉴는 1959년에 영국에서 장난감 가게의 아들로 태어났다.

아무래도 장난감 가게의 아들로 태어나다 보니 그는 늘 가지고 놀 장난감이 많았는데, 특히 세계 최초의 전자게임인 퐁이 그의 눈에 들어오게 된다. 퐁을 통해 게임의 재미에 빠진 그는 할머니의 지갑에서 돈을 훔쳐 아타리 2600 기기를 구입한다.

아타리 2600은 1977년 10월에 발매된 가정용 게임기로 마이크로프로세서와 카트리지 방식을 사용한 게임기였다. 아타리 2600은 1980년대 초까지 엄청난 인기를 누렸는데, 아타리라는 이름은 이 모델의 별명이 되었다. 아타리를 구매하면 컴뱃 게임 카트리지를 번들로 주었고 나중에는 팩맨으로 변경되었다.

그는 이 아타리 2600의 게임 원리를 파악하기 위해 기계를 분해하기도 했다. 그는 게임기를 망가뜨릴 정도로 호기심이 강한 아이였으며, 또 궁금한 것이 있으면 참지를 못했다.

회사를 만들다

어린 시절, 수학 이외에는 별로 관심이 없던 그는 특별히 눈에 띄지 않는 조용한 학창시절을 보낸다.

그래서 그는 사우스햄튼 대학을 졸업하고 바로 친구와 함께 데이터 관리 프로그램 개발 회사인 타루스를 차리는데, 거기서 소규모의 수주 일을 하면서 본인의 적성하고는 잘 맞지 않음을 깨닫는다.

그래서 그는 어렸을 때부터 관심을 가졌고 무한한 가능성이 보이는 게임 개발 쪽으로 방향을 틀고 회사명을 불프로그로 바꾼다.

파퓰러스를 만들다

불프로그를 차린 피터 몰리뉴는 1989년에 처녀작인 파퓰러스를 내놓는다. 그의 나이 31세였다.

파퓰러스는 게임에서 신이 되어 경쟁 신을 물리치고 세상을 다스린다는 내용으로 되어 있다.

여기서 기존 게임과는 다른 면이 나오는데, 이전에 나오는 게임의 경우 1인칭 시점의 게임이었지만 파퓰러스는 플레이어가 직접 인간을 조작하지는 않는다. 단지 3인칭 시점에서 지형이나 날씨를 바꾸고 인간에게 재앙과 축복을 내린다.

또한 구성면에서도 실시간 전략 게임, RTS(Real Time Strategy) 장르의 기초를 닦는데, 실시간으로 벌어지는 진투는 훗날 스타크래프트나 C&C, 워크래프트 등의 게임에 지대한 영향을 끼친다. 특히 인터페이스나 조작 방식은 지금 내놓아도 어색하지 않을 정도로 당시로는 혁신적인 것이었다.

그러다보니 선뜻 배급하겠다고 나서는 회사가 없었다. 그런데 그 당시 심시티라는 게임이 큰 인기를 끌면서 이와 유사한 파퓰러스의 가능성을 보고 EA가 배급하겠다고 나선다.

그 결과는 대 히트였다. 400만 장이 넘는 판매고를 기록한 파퓰러스는 당시 무명이었던 피터 몰리뉴와 불프로그의 명성을 단박에 끌어올렸다.

독특한 세계관, 신디케이트

통상 한 게임이 히트를 치면 후속 작품에 대한 기대가 큰 나머지 좋은 평을 받기가 힘들다. 하지만 피터 몰리뉴는 파퓰러스 성공 이후 또 한번의 성공을 이룬다.

바로 1993년 출시된 신디케이트이다. 피터 몰리뉴가 35살 되던 해에 만든 이 게임은 국내 게이머들도 알 정도로 사랑을 받은 게임이다.

동시에 신디케이트는 하사비스가 불프로그에 입사하여 처음으로 개발에 참여한 게임이라고 할 수 있다. 하사비스는 이 게임의 레벨 디자인을 맡았다.

이 게임은 신디케이트의 요원으로 자신의 조직원을 관리하면서 세계를 지배하기 위해 상대 기업의 요원을 죽이거나 필요할 때에는 정부에 대항하면서 경찰, 시민까지도 학살하는 내용을 담은 게임이다. 게임에 나오는 신디케이트는 다국적 기업 연합으로 시민의 뇌에 마약과 같은 신경 칩을 부착해서 그들에 대한 지배력을 확대해 나가는 단체다.

플레이어는 뇌에 부착된 특수 기능을 하는 신경칩으로 투시, 해킹, 타임 슬립 등의 기능을 발휘할 수 있으며, 이는 게이머들에게 독특한 재미를 선사했다.

그리고 신디케이트만의 독특한 세계관 및 음울한 배경과 사운드는 불프로그다운 게임이 무엇인지를 여실히 보여준다. 특히 쿼터뷰 시점의 게임 방식은 훗날 출시된 디아블로 등과 같은 RPG 게임에도 상당한 영향을 준다.

이제는 테마파크다

피터 몰리뉴는 신디케이트를 출시한 지 1년만에 테마파크라는 게임을 세상에 내놓는다.

1994년에 출시된 이 게임은 내 마음대로 놀이기구를 배치하고 관람객의 동선을 고려하면서 공원을 설계하는 놀이공원 경영 시뮬레이션 게임이다. 플레이어는 이 게임을 통해 놀이공원의 경영자가 되어 관람객을 모으기 위한 여러가지 활동을 하게 되는데, 이는 훗날 롤로코스터 타이쿤과 같은 타이쿤류 게임의 시초가 되었다.

테마파크는 그 밖에도 농장을 경영하는 팜류나 카페 경영 게임과 같은 경영 시뮬레이션 게임의 교본으로 통하게 된다.

하사비스는 이 테마파크의 공동 개발자로 이름을 올리게 되는데, 이 게임이 불프로그에서 만든 그의 마지막 게임이다. 그는 이 게임을 끝으로 피터 몰리뉴와 훗날을 기약하며 컴퓨터 공학을 전공하기 위해 케임브리지 대학에 들어간다.

던전키퍼, 악마가 되다

하사비스가 나간 후 불프로그는 유통사인 EA에 인수된다.

피터 몰리뉴는 EA로부터 개발 인력을 지원받아 던전 키퍼를 출시하게 되는데, 테마파크를 선보인지 3년만이다.

그는 던전키퍼를 통해 이전에는 볼 수 없었던 두 가지의 새로운 시도를 한다.

첫째, 이전의 게임이 권선징악의 게임이었다면 던전키퍼는 권악징선을 선보인다. 플레이어는 악을 물리치는 용사가 아닌 악마가 되어 게임을 플레이한다.

둘째, 기존의 게임이 공격이 주된 게임이었다면 던전키퍼는 방어에 초점을 맞춘다. 즉 플레이어는 자신의 던전에 쳐들어오는 용사를 물리치기 위해 함정을 파고 몬스터를 보내는 것이 고작이다.

이러한 독특한 구성은 주인공이 슈퍼 히어로가 되어 권선징악을 이룬다는 그동안의 공식을 깨는 것으로 당시로서는 충격적이었다. 이 점은 전 세계 게이머들을 매료시키기에 충분했고, 국내는 물론 전 세계적으로 흥행에 성공한다. 또한 이는 훗날 디펜스류 게임의 시초가 되기도 했다.

던전 키퍼로 흥행에 성공한 그는 돌연 불프로그를 떠나게 된다. EA에 부분 인수되면서 대규모의 인력 지원을 받기는 했지만, 소규모 인원으로 만드는 게임에 익숙했던 그는 마치 자신의 몸에 맞지 않는 옷을 입은 듯한 불편함을 느낀 것이다.

블랙 앤 화이트, 신이 되다

피터 몰리뉴는 불프로그를 나와 라이온헤드 스튜디오라는 게임 개발사를 차린다. 그리고 막 케임브리지 대학에서 컴퓨터 공학을 전공하고 졸업한 하사비스를 합류시킨다.

여기서 그는 하사비스와 함께 블랙 앤 화이트라는 희대의 역작을 만드는데, 블랙 앤 화이트는 일명 갓게임의 대명사라고 불리는 게임이다.

플레이어는 신이 되어 인간과 신을 이어주는 동물 모양의 크리쳐를 통해 세상을 지배하게 된다. 플레이어는 선한 신이 될 수도 있고 또는 악한 신이 될 수도 있는데, 크리쳐 역시 플레이어가 어떻게 가르치느냐에 따라 선과 악으로 갈리게 된다.

기존의 파퓰러스가 선한 절대자를, 던전 키퍼가 악한 지배자를 구현했다면, 블랙 앤 화이트는 플레이어가 선과 악을 선택하도록 한 것이다.

이 게임은 한국에서도 정식 발매되었는데, 초기 물량이 다 떨어져 줄을 서고 기다려야 할 정도로 엄청난 인기를 끌었다. 오늘날 피터 몰리뉴를 게임계의 거장으로 만든 게임이 바로 블랙 앤 화이트다.

피터 티엘 // 셰인 레그

피터 티엘은 하사비스가 세운 딥마인드의 투자자다. 하사비스는 당시 수많은 스타트업 창업자들과 마찬가지로 투자자 유치를 위해 노력하고 있었는데, 페이스북에 최초로 투자하기도 한 티엘이 체스에 관심이 많다는 것을 우연히 알게 된다.

그에 따라 하사비스는 티엘의 흥미를 끌기 위해 체스 애기를 꺼내는데, 그 얘기는 다름 아닌 체스가 오랫동안 사랑을 받아온 이유가 무엇이냐는 것이다. 하사비스는 그 이유를 체스의 비숍과 나이트가 완벽한 균형을 이루면서 창의적인 비대칭적 긴장감을 불러왔기 때문이라고 대답하는데, 이 대답이 티엘의 흥미를 끌게 된다. 티엘로부터 투자 유치를 받았음은 물론이다.

그리고 딥마인드의 공동 창업자인 셰인 레그의 경우도 체스와 인연이 깊다. 셰인 레그는 15살에 체스 게임을 개발하여 친구와 겨루게 할 정도로 체스에 조예가 깊었다.

그는 유니버시티 칼리지 런던 산하 연구소에서 박사 과정을 밟고 있었는데, 당시 인지 과학을 배우기 위해 들어온 하사비스와 운명적으로 만나게 된다.

13살에 세계 체스 챔피언 2위 자리에 오른 하사비스와 15살에 체스 게임을 개발한 셰인 레그는 친해지지 못할 이유가 전혀 없었다.

인공지능에게 윤리를 묻다

구글에 세 가지를 제안하다

하사비스가 구글과 인수 논의 과정에서 주장한 것은 세 가지다.

첫째, 연구의 자율성을 100% 보장할 것, 둘째, 영국에서 한 발짝도 옮길 수 없다는 것, 셋째, 자신들이 개발한 인공지능을 위해 구글 사내에 AI 윤리 이사회를 세워달라는 것이다.

통상의 인수 협상에서 논의되는 것하고는 많이 다른데, 보통 인수 협상 금액이나 인력 처우에 대한 것이 논의되는 것이 일반적이다.

특히 세 가지 사항 중에서 가장 눈에 띄는 것은 바로 AI 윤리 이사회를 세워 달라는 것이다.

알파고, 그 다음은?

하사비스는 대국이 끝난 후 "바둑이라는 한 가지만 잘하는 것이 아니라 다방면에서 뛰어난 문제 해결 능력을 갖춘 인공지능을 목표로 한다."고 말했다.

그러면서 전 세계적으로 영향을 미치는 기후나 의료 쪽에 알파고의 기술을 이용할 계획임을 밝혔다.

그는 이를 '21세기의 아폴로 프로그램'이라고 불렀는데, 그가 이세돌 9단과의 첫 대국에서 이긴 후 트위터에 "승리! 우리는 달에 착륙했다."라고 글을 올린 것도 이 때문이다.

인공지능, 악용은 막아야 한다

그는 알파고의 승리로 머지 않아 컴퓨터가 인간을 지배하지 않을까 하는 일각의 우려에 대해 "인공지능은 이제 사다리의 첫 계단을 밟은 정도이다.", "모든 면에서 인간 수준의 지능에 도달하는 것은 수십년 뒤의 일이다."라고 하며 지나친 우려를 경계했다.

다만 그는 인공지능의 악용 가능성에 대한 사전 논의는 필요하다고 말했다.

실제로 그는 지난해 인공지능의 잠재적인 위험을 제거하고 효용을 극대화하기 위한 방법을 찾는 연구가 필요하다는 내용의 공개 서한에 서명했다.

하사비스의 윤리

하사비스에게 있어 직업 윤리는 무엇일까? 직업윤리는 직업 생활에서의 윤리를 말하는 것으로, 사회에서 직업인에게 요구하는 직업적 양심이자, 사회적 규범이다.

그는 구글 인수 과정에서두 사내에 AI 윤리이사회를 세워 달라고 할 만큼 인공지능 윤리에 대한 제도적 정비의 필요성을 미리부터 자각하고 있었다. 또한 그는 인공지능의 악용 가능성을 막는 연구가 필요하다는 것에도 서명했다.

어떻게 보면 개발자의 입장에서 스스로를 통제할 기준을 만드는 것에 동의했다는 점에서 하사비스의 윤리관을 엿볼 수 있다.

그렇다면 그의 윤리관은 어디에서 비롯된 것일까?

갓게임, 블랙 앤 화이트

하사비스는 케임브리지 대학에서 컴퓨터 공학을 전공한 후 나와서 피터 몰리뉴가 있던 라이온헤드 스튜디오로 들어갔다. 이미 피터 몰리뉴와 신디케이드, 테마파크 등을 같이 만들어 봤던 하사비스는 그가 케임브리지 대학에서 배운 컴퓨터 공학 지식을 최대한 써먹기로 마음을 먹었고, 그렇게 해서 나오게 된 것이 희대의 역작 블랙 앤 화이트 게임이다.

이 게임은 3년간의 개발 기간을 거쳐 2001년 출시된 게임
이다.

플레이어는 신이 되어 크리쳐를 통해 인간 세상을 지배한다.
크리쳐는 동물 모양의 캐릭터로 신과 인간을 이어주는 매개체 역
할을 한다.

크리쳐는 플레이가 어떻게 키우느냐에 따라 선하게, 또는 악
하게 자랄 수 있다. 이것은 전적으로 신으로 나오는 플레이어의
선택에 좌우된다.

마치 부모가 자식을 키우거나 애완동물을 키우는 것과 마찬
가지인 것이다.

플레이어가 잘 가르치면 크리쳐는 사람들과 함께 놀아주거나
마을 사람들의 일을 도와주는 선행을 한다.

반면 잘못 가르치면 악동처럼 인간 마을을 때려 부수기도 하
고 사람을 잡아먹는 등 온갖 악행을 저지른다.

게임에서는 신으로 나오는 플레이어의 손이 나오는데, 악한
짓을 많이 가르칠수록 악마의 손으로 표시되고, 반대의 경우는 천
사의 손으로 표시된다.

공공의 이익

따라서 블랙 앤 화이트는 단순히 게임이라는 특성을 떠나서
종교와 철학, 신과 인간, 선과 악을 다룬다는 점에서 기존 게임과
는 차별된다. 실제로 피터 몰리뉴는 철학자를 직원으로 고용하기
까지 했다.

당시 하사비스는 게임에 나오는 AI(인공지능) 부문을 맡아 개발했으며, 특히 게임에 나오는 크리쳐의 레벨 디자인을 했다. 레벨 디자인은 유저의 흥미를 지속적으로 돋우고 게임에 몰입할 수 있도록 인공지능 오브젝트의 행동과 난이도 조절을 개발하는 것을 말한다.

사실 하사비스는 케임브리지 대학에 들어가기 전에 다녔던 불프로그에서 테마파크라는 게임을 개발한 적이 있었고, 그는 이 게임을 통해서 테마파크 경영자가 어떻게 공원을 운영하느냐에 따라 관람객들이 만족하느냐, 떠나느냐를 알고 있었다. 공공의 이익을 위해서는 경영자의 마인드가 중요하다는 것을 안 것이다.

크리쳐에서 알파고를 보다

하사비스는 블랙 앤 화이트의 크리쳐를 설계하면서 인공지능을 최대한 구현하고자 했다. 케임브리지 대학에서 배운 지식이 발현되는 순간이었다.

플레이어의 선택에 따라 어느 정도 자유가 있는 크리쳐를 만들고자 했는데, 크리쳐를 통해 오늘날 인공지능 알파고의 모습을 본 셈이다.

알파고가 딥러닝 강화 학습을 통해 기존 바둑기보에서 배우는 것처럼, 크리쳐 역시 신으로 나오는 플레이어를 통해 용변보는 것부터 마을 사람들을 다루는 법, 기적을 일으키는 법을 배운다. 그리고 해야 할 일과 해서는 안 되는 일에 대한 교육을 받으면서 스스로의 정체성을 찾아간다.

그리고 하사비스는 신으로 나오는 플레이어의 선택에 따라 크리쳐가 달라지고 그것이 인간 마을에 영향을 미치는 것에 주목한다.

즉 하사비스는 인공지능 역시 그것을 어떻게 구현하느냐에 따라 인류에게 축복이 될 수도 있고, 재앙이 될 수도 있다는 점을 깨닫게 된 것이다.

블랙 앤 화이트를 통해 그는 단순히 인공지능의 개발을 떠나 인공지능의 미래와 윤리를 고민하게 된다.

하사비스가 AI 윤리이사회를 만들어 줄 것을 구글 측에 요구하고, 인공지능의 남용을 막는 문서에 사인을 한 것도 그런 고민에서 출발했다고 볼 수 있다. 그리고 인공지능을 전 세계적으로 영향을 주는 기후나 의료에 사용하고 싶다는 그의 말에서 그가 그리는 인공지능의 미래와 그의 의지를 엿볼 수 있다.

하지만 그는 그런 인공지능을 구현하기 위해서는 인간을 더 연구해야 한다고 생각했는지 모른다. 블랙 앤 화이트를 개발하고 피터 몰리뉴로부터 독립한 하사비스는 돌연 인지 과학을 배우기 위해 유니버시티 칼리지 런던으로 들어간 것이다.

문샷 // 아폴로 프로젝트

"승리! 우리는 달에 착륙했다."

알파고가 이세돌 9단과의 1국에서 승리한 후 하사비스가 트위터에 남긴 말이다. 승리를 다른 표현도 아닌 달에 착륙한 것에 비유한 것은 특기할 만하다.

구글의 경우 구X Lab이라는 사내 조직을 통해 여러 혁신 과제에 도전하고 있다. 흔히 '문샷' 이라고 불리는 이 과제들은 상용화나 현실화 하기까지 정말 어려운 것들이지만, 성공하면 세상을 획기적으로 바꿀 만한 것들이다. 문샷이라는 말에서도 알 수 있지만, 문샷 프로젝트는 달을 향해 로켓을 쏘아 올리는 일만큼이나 어렵고 또 그래서 혁신이 필요한 사업인을 알 수 있다

구글 딥마인드를 위시한 구글 글래스, 무인자동차, 스마트 콘택트, 인공 뉴런 네트워크, 비즈니스를 위한 로봇 등의 사업이 이에 해당한다. 딥마인드가 추진한 알파고의 경우 문샷 프로젝트 중 소위 아폴로 프로젝트로 명명한 프로젝트였다.

문샷 // 아폴로 프로젝트

앞서간 혁신, 그리고 실패

승승장구, 하사비스

하사비스의 삶을 보면 승승장구의 삶을 살았음을 알 수 있다.

체스만 해도 13살 어린 나이에 세계 체스 챔피언 2위 자리에 올랐으니 그만하면 성공한 셈이다.

그리고 피터 몰리뉴의 불프로그 스튜디오에 입사해서는 타이쿤류 게임의 사초라고 불리우는 테마파크의 공동 개발자로 이름을 올린다. 또 피터 몰리뉴의 라이온헤드 스튜디오에 있을 때는 수석 AI 디자이너로서 희대의 역작 블랙 앤 화이트라는 게임을 개발했다.

그리고 그는 세계 유수의 케임브리지 대학에서 컴퓨터 공학을, 유니버시티 칼리지 런던에서 인지 과학을 수학한다. 유니버시티 칼리지 런던에 있을 때는 기억과 상상의 매커니즘에 대한 연구로 사이언스지로부터 그해의 10대 성과 중 하나로 뽑히기까지 했다.

그리고 그는 이 시기에 세계 두뇌게임 올림피아드인 마인드 스포츠 올림피아드에서 5년 연속 챔피언 자리를 지키기도 했다.

이만하면 승리의 여신이 항상 그의 곁을 지켜주는 듯하다.

엘릭서 스튜디오를 차리다

하지만 그런 그에게 처음으로 실패가 찾아온다. 그가 피터 몰리뉴의 라이온헤드 스튜디오를 나와 비디오게임 개발사인 엘릭서 스튜디오를 세우고 나서다.

엘릭서라는 이름은 연금술의 불로불사가 될 수 있게 하는 만병 통치약 이름에서 따왔다.

하사비스는 당시 친구이자 대학 동문이었던 데이비드 실버와 함께 엘릭서 스튜디오를 창업했으며, 데이비드 실버는 여기에서 CTO와 수석 프로그래머로 활동했다.

엘릭서 스튜디오는 한때 직원이 60명을 넘기도 했으며, 2003년에 '리퍼블릭 : 더 레볼루션'을, 그리고 2004년에는 '이블 지니어스' 등의 게임을 세상에 내놓는다.

정치 시뮬레이션 게임에 도전하다

'리퍼블릭 : 더 레볼루션'은 하사비스가 라이온헤드 스튜디오에서 개발한 블랙 앤 화이트 개발 지식을 총망라하여 만든 게임이다.

'리퍼블릭 : 더 레볼루션'은 단순히 인공지능뿐만 아니라 뛰어난 그래픽으로도 주목을 받았는데, 당시 이 게임은 토탈리티라는 이름의 그래픽 엔진을 사용했다. 무제한의 폴리건을 실시간으로 처리하였으며, 다양한 각도에 따른 줌인/아웃이 가능한 카메라 시점을 제공했다.

플레이어는 '노비스트라나'라는 가상의 나라 대통령이 되어 다른 16개의 나라들과 경쟁을 하게 된다. 이를 위해 플레이어는 특별한 전문가를 고용하거나 군대를 모아 상대 국가를 쳐들어가기도 한다. 플레이어는 선택에 따라 선군이 될 수도 있고 폭군이 될 수도 있다. 정치를 잘못할 경우 시민들이 폭동이나 시위를 벌이기도 한다. 이럴 경우 공권력을 동원해 제압하거나 방송을 선전 매체로 활용하기도 한다.

사실 세계를 그리다

게임 속 가상의 나라인 '노비스타라나'는 매우 넓은 지역의 나라로, 화면 우측 상단에 있는 지도상의 클릭 한번으로 그곳으로 이동하여 세세한 것들까지 확인할 수 있다. 이 게임에 구현된 실시간 광원과 특수효과, 그림자 효과, 물리 모델 적용 등은 당시로서는 획기적인 기술이었다.

그리고 무엇보다도 시간이 실제 세계와 똑같이 구현되어 있었다. 좌측 상단에는 시계가 있어 시, 분, 초까지 확인이 가능하며, 낮과 밤의 구분이 있었다. 날씨도 시시각각 바뀌며, 비나 눈이 올 때도 있다.

시대에 너무 앞서가다

'리퍼블릭 : 더 레볼루션' 게임에서 하사비스의 인공지능 기술을 엿볼 수 있는데, 게임에 등장하는 사람들은 저마다의 목적을 가지고 움직인다. 직장에 가거나, 학교에 아이들을 데려다주고 쇼핑을 하는 등 실제 세계와 가깝게 구현하였으며, 그들 모두는 각각의 감정과 능력, 신용도가 부여되었다.

하사비스 자신도 이 게임을 개발한 당시를 회상하며, "한 국가와 100만 명이 넘는 시민들을 시뮬레이션 하느라 5년 이상의 개발기간이 걸렸는데, 당시 우리는 시대에 너무 앞서 있었다."라고 자평할 정도였다.

던전 키퍼에서 영감을 얻다

하사비스는 자신의 멘토인 피터 몰리뉴의 던전 키퍼라는 게임에 주목한다.

당시 이 게임은 기존 게임과는 다른 두 가지 면에서 큰 히트를 쳤는데, 첫째는 기존의 권선징악 플롯이 아닌 플레이어가 악마가 되어 쳐들어오는 영웅을 물리친다는 권악징선의 게임이라는 점이다.

둘째는 기존 게임이 공격 중심이었다면 이 게임은 플레이어 자신의 던전을 지키는 방어에 초점을 맞추었는데, 이는 오늘날 디펜스 게임의 효시가 되기도 했다.

악의 축, 이블 지니어스

하사비스는 플레이어의 선택에 따라 선과 악으로 나뉘는 게임이 아닌, 악당에 초점을 맞춘 게임을 개발한다. 즉 이블 지니어스는 플레이어가 악당 보스가 되어 비밀기지를 짓고 세계를 정복하는 것이 목적인 게임이다.

플레이어는 자신에게 주어진 미니언들을 데리고 비밀기지를 구축한다. 그리고 그들을 전투 요원이나 외교관, 과학자 등으로 훈련시켜 세계 각국에 침투시킨 다음, 암살, 교란, 전복 업무를 하게 한다. 또 세계 각지에서 비밀기지로 침투하는 적의 요원들을 막고 때론 그들을 회유 포섭하거나, 고문을 시키기도 한다. 그리고 플레이어에게는 게임에서 오른팔 역할을 하는 간부들도 있는데, 이들은 자신만의 특수 기능을 이용해서 보스를 도와 세계 정복에 앞장선다.

이 게임은 독특한 구성과 재미로 인해 마니아 층을 형성하기도 했다.

하지만 하사비스는 돌연 회사 문을 닫는다.

거대 게임사가 장악한 시장에서 독립 게임 개발사가 혁신을 지속할 여지가 없다는 것이 그 이유였다.

당시 마이크로소프트가 엘릭서 스튜디오를 인수하겠다는 제안을 하기도 했지만, 외부의 간섭 없이 자신만의 게임을 개발하고 싶었던 하사비스는 이를 거부한다. 이는 당시 그의 멘토인 피터 몰리뉴가 마이크로소프트 사와 손잡은 것과는 대조적이다.

그가 만든 게임은 지금에 와서도 혁신적이라는 평가를 받고 있다.

실제로 그는 2009년 세임 입게에 공헌한 것을 기념해 영국왕립예술협회 회원으로 뽑히기도 했다.

혁신 아니면 폐업

항상 하사비스는 혁신을 추구해왔다. 그가 만든 신디케이트는 쿼터뷰 시점의 전략 시뮬레이션 게임의 장르를 열었고, 테마파크의 경우는 타이쿤류 게임의 시초가 되었다. 그만큼 그가 개발에 참여해 온 게임은 혁신적이었다.

그런 그에게 있어 기업을 운영하는 것은 다른 문제였다. 이전에는 피터 몰리뉴의 밑에서 오로지 개발에만 집중하면 되었지만, 스튜디오를 차리고 나서는 60명이 넘는 직원들이 속해 있는 기업을 운영해야 했기 때문이다. 실제로 그가 구글 딥마인드와 손잡은 이유 또한 개발과 자금조달을 같이 하기가 어려웠기 때문이었다고 한다.

그는 혁신을 할 수 없다면 아예 하지 않는 쪽을 선택한 것이다. 여기에서 우리는 그의 고집스러운 면모를 볼 수 있다.

학교에서 답을 구하다

회사를 폐업한 후 그는 인지 과학을 배우기 위해 유니버시티 칼리지 런던으로 간다. 인공지능을 개발해 오면서 컴퓨터 공학적 지식으로는 한계를 느낀 것이다.

혁신을 하기 위해서는 뇌에 대한 매카니즘을 이해하는 것이 필요하다고 생각한 하사비스는 결국 인지 과학을 배웠으며, 인지 과학을 예전의 컴퓨터 공학 지식과 접목시켜 오늘날의 알파고를 세상에 내놓게 된다.

기억과 상상의 결합

사이언스 10대 성과

하사비스가 딥마인드를 세우기 전에 다녔던 유니버시티 칼리지 런던(UCL) 시절이야말로 인공지능에 대한 학문적 초석을 세운 시기라고 할 수 있다.

여기서 그는 인지 과학을 전공하게 되는데, 기억과 상상 메커니즘 사이의 연관성을 연구한 논문으로 인지신경과학 박사 학위를 받게 된다. 그 논문의 내용은 한마디로 기억과 상상이 뇌의 같은 부위에서 형성된다는 것이다. 사고로 뇌 해마가 손상돼 기억상실에 빠진 환자는 가상의 사건을 상상하지 못한다는 사실을 밝히는 과정에서 그는 이것을 알아냈다. 이 논문은 세계적인 과학 잡지 사이언스가 꼽은 '2007 획기적인 연구 10건' 중 하나로 꼽힐 정도로 과학계의 주목을 받았다.

인지 과학의 세계

하사비스의 지식에 근접하려면 먼저 인지 과학이 무엇인지를

알아야 한다. 인지 과학은 '인지', 즉 정신 과정을 정보처리라는 개념으로 접근한다. 인지 과학은 정보 시스템의 처리 과정이 어떻게 발생하고, 어떤 방식으로 이루어지는지, 또 어떻게 작동하는지에 대해 연구하는 학문으로, 심리학을 중심으로 해서 언어학, 생물학, 컴퓨터과학, 철학, 수학, 물리학 등 여러 학문들인 모인 학제간 융합 학문이다.

특히 인지 과학의 주요 연구 분야로는 인간과 컴퓨터의 상호 작용 연구(human-computer interation, HCI)가 있다.

HCI는 어떻게 하면 사람이 쉽고 편하게 컴퓨터 시스템과 커뮤니케이션을 할 수 있을지를 연구하기 위해 인간을 닮은 컴퓨터 모델을 추구한다. 즉 컴퓨터 모형을 이용하여 인간의 인지능력을 구현하는 것이 목표다.

해마에서 답을 찾다

여기서 하사비스는 캠브리지 대학 퀸즈 칼리지에서 배운 컴퓨터 공학 지식을 백분 활용한다. 그는 당시 최우등 졸업(Double First 등급)을 할 정도로 공학적 지식이 해박했다. 인지 과학에 컴퓨터 공학 지식을 접목하여 다양한 시도와 연구를 진행한다.

그는 특히 인간의 해마에 집중했다. 해마는 뇌 관자엽의 안쪽에 위치한 장기로서 대뇌겉질 밑에 존재한다. 해마는 학습, 기억 및 새로운 것을 인식하는 등의 역할을 한다. 해마는 바다에 사는 해마와 그 모양이 유사하다는 것에서 이름을 따온 것이며, 해마는 길이 5cm 정도에 지름은 1cm 정도이다. 곤봉 모양의 구조로 이루어져 있으며, 머리, 몸통, 꼬리로 나눌 수 있다. 해마는 뇌의 다른 부위로 신호를 전달하는 중요한 원심성 신경섬유 역할을 한다. 또한 학습과 기억에 관여해서 감정 행동 및 일부 운동을 조절하며, 시상하부의 기능을 조절하는 역할도 하고 있다.

기억은 대뇌가 아니라 해마가 한다

해마가 손상되면 알츠하이머성 치매, 간질, 다소 생소한 클루버-버시 증후군을 겪을 수 있다. 클루버-버시 증후군은 이상 구애 행동과 과도한 성욕을 드러내는 질환이다. 아무 물건이나 끊임없이 입으로 가져갈 뿐만 아니라 가구와 같은 무생물에 추파를 던지는 등 자신의 성욕을 무분별하게 드러낸다.

해마는 변연계에 존재하는데 대뇌피질에 완전히 둘러싸여 있다. 그만큼 중요하다는 것이다. 흔한 편견으로 우리는 기억이라는 것이 뇌의 대부분을 차지하는 대뇌피질에서 이루어진다고 생각하지만 정작 대뇌피질은 기억과는 관련이 없다. 기억은 대뇌피질이 둘러싸고 있는 뇌 안쪽의 해마가 그 기능을 담당한다. 그래서 해마가 손상되면 자신의 이름도 기억하지 못하는 알츠하이머성 치매에 걸리는 것이다.

기억과 상상의 메카니즘

그런데 여기서 하사비스는 해마가 손상을 입을 경우 단지 기억에만 문제가 있는 것이 아니라는 점을 밝혀낸다. 즉 기억상실 환자들과의 수많은 인터뷰, 그리고 설문을 통해 이들이 새로운 경험을 그려내지 못한다는 점을 발견한 것이다. 그래서 그는 이 학문적 성과를 통대로 2007년에 '해마성 기억상실 환자들은 새로운 경험을 그려내지 못한다(해마 손상이 경험을 기억하는데 미치는 영향).'는 논문을 발표한다.

자기공명영상으로 너의 행적을 안다

이 외에도 그는 2009년에 '인간 해마 뉴런의 총체적 움직임 해석(장소 이동 기억이 뇌에 저장되는 형태 분석)'에 대한 논문을 현대생물학지에 발표한다.

여기서 그는 "사람의 장소 이동 기억은 뇌에 특정한 형태로 저장되기 때문에 기능성 자기공명영상으로 이를 분석하면 과거의 기록을 읽어 낼 수 있다."고 발표해서 또 한번 학계를 들썩이게 했다.

이 연구는 그가 같은 해 발표한 '두뇌의 생성 시스템(기억 구성에 관여하는 요소들 분석)'과 2007년 발표한 '상상력을 이용한 단편적 기억의 신경 기저 이해(기능성 자기공명영상 이용한 다양한 기억 생성 과정에서의 뇌 활동 차이 분석)' 논문을 바탕으로 한 것이다.

자기공명영상을 통해 과거 이동 기록을 알 수 있다는 것은 당시로서는 획기적인 발견이었다. 우리는 이와 같은 사실을 통해 그의 학문적 수준이 뇌의 기억 저장 메카니즘을 이해하는 데까지 올라섰음을 알 수 있다.

기억과 상상 vs 메모리와 인공지능

그가 유니버시티 칼리지 런던에서 세운 학문적 토대는 오늘날의 알파고에 다양한 형태로 접목된다. 그 중에서도 대표적인 것은 인간의 기억과 상상의 메카니즘을 통해 컴퓨터 메모리와 인공지능의 경계를 허문 점이다. 그 전까지만 해도 기억과 상상은 서로 반대되는 개념으로 이해되어 왔다. 즉 기억은 과거지향성, 과거에 일어난 일의 현재 기록이며, 상상은 미래 지향성, 앞으로 일어날 일의 표상이었다. 그런데 하사비스는 상상이라는 것이 기억의 조합으로 이루어진다는 발상의 전환을 한 것이다. 컴퓨터로 본다면 메모리의 기록 소자를 가지고 인간의 상상과 비슷한 기능을 구현할 수 있다고 말하는 것과 다르지 않다. 즉 인공지능의 가능성을 시사한 것이다.

메모리와 인공지능 vs 정책망과 가치망

그리고 이는 훗날 알파고에 정책망과 가치망을 도입하는데 있어서 기본 개념이 된다. 즉 각각은 기억-메모리-정책망과 상상-인공지능-가치망으로 매칭되는 것이다.

정책망은 전문 바둑기사의 과거 기보 3,000만 가지를 기록하여 12계층으로 만든 신경망이다. 정책망은 입력된 데이터를 기초로 다음에 돌을 놓을 위치를 결정한다. 그리고 가치망은 해당 위치에 돌을 놓았을 때의 승률을 계산한다.

이는 마치 인간이 과거의 기억을 토대로 다음에 무엇을 할지를 머리에 그리는 것과 흡사하다고 할 수 있다. 인간의 신경망과 유사한 정책망, 가치망이라는 개념을 도입하여 인공지능에 한발짝 다가서게 된 것이다.

알파고의 태동

이처럼 알파고는 어느날 갑자기 하늘에서 뚝 떨어진 것이 아님을 알 수 있다. 하사비스는 대학에서 인지 과학을 연구하는 동안 뇌의 인지, 기억, 상상의 전 과정을 하나씩 알고리즘하고 있었던 것이다. 이를 발현한 것이 정책망과 가치망이며, 여기에 딥러닝 강화 학습을 통해 스스로 학습하게 만든 것이 알파고임을 우리는 알 수 있다.

1+1=3

이는 하사비스의 혁신이 융합에서 나왔다는 점을 시사하고 있다. 그의 천재적인 기질은 컴퓨터 공학과 인지 과학의 구분선을 허무는데서 비롯되었다. 마치 1+1은 2가 아니라, 3을 만든 것이라고 할 수 있다. 이종간의 결합을 통해 전혀 다른 새로운 변종의 가능성을 연 것이다. 심지어 그는 인지 과학 안에서도 '기억과 상상은 하나다.'라는 역발상으로 1+1은 1이라는 결과를 도출하기까지 했다. 이처럼 하사비스의 혁신은 기존 학문을 해체하고 재조립하는 과정에서 나오는 것임을 알 수 있다.

이런 점에서 놓고 본다면 하사비스야말로 희대의 연금술사가 아닐까?

인간에게 직관을 묻다

직관

직관이라 함은 판단이나 추론 등을 거치지 않고 대상을 직접적으로 인식하는 일을 말한다. 그러다 보니 예리한 관찰력으로 사물을 꿰뚫어 본다는 의미의 통찰력과 혼용되어 쓰이기도 한다.

특히 지금과 같은 디지털, 정보화 시대에는 직관이 요구된다. 예전에는 정보가 없어서 판단하기 어려웠지만 지금은 정보가 넘쳐나고 있다. 이러한 때에 빠르게 정보를 받아들이고 판단을 내릴 수 있는 직관은 그 무엇보다 중요하다.

하사비스의 화두

사실 하사비스에게 있어 직관이야말로 한평생 그를 따라다닌 화두라고 할 수 있다.

13살 어린 나이에 체스 챔피언 자리에 올라갈 때도 직관이 필요했고 오늘날 알파고를 개발하는 과정에서도 늘 그를 괴롭혔던 문제였을 것이다. 왜냐하면 체스를 하는데 있어 직관은 중요한 요소인데다가 기계가 흉내내기 어려운 영역이기 때문이다.

체스든 바둑이든 게임을 하는데 있어 전체적인 게임의 판세를 읽고 다음 전략을 짜는데 있어서 직관은 반드시 필요하다. 또한 바둑은 경우의 수가 너무나 많기 때문에 체스처럼 물리적인 계산에 의존해서는 답이 나오지 않는다. 즉 직관을 필요로 하는 게임인 것이다. 따라서 하사비스의 경우에는 어떻게 하면 인간의 직관을 바둑에 녹여 인공지능으로 구현할 수 있을까가 큰 화두였을 것이다.

속도를 스냅스로 극복하다

인간은 컴퓨터보나 계산이 느리고 부정확하다. 하지만 일견 복잡해 보이는 것에서 순식간에 의미있는 것을 찾아 인식하는 능력이 있다. 이것이 바로 우리가 직관이라고 말하는 부분이다.

인간의 뇌는 1,000억 개의 뉴런으로 구성되어 있는데, 뉴런끼리는 1,000분의 1초 단위로 통신한다. 10억 분의 1초 단위로 통신하는 트랜지스터에 비하면 한참 낮은 수치지만, 대신 뉴런은 뉴런끼리 1,000조 개의 스냅스로 연결되어 수백 억 단위의 연산을 처리한다.

직관은 생존이다

특히 이러한 직관은 인간의 생존에 있어 필수 요소로, 인간은 진화를 통해 이를 강화해 왔다.

여기 내 눈 앞에 곰이 나타났다고 한번 가정해보자.

먼저 소리를 지르거나 막대기를 휘둘러 곰을 쫓아 버리던지 아니면 주위를 살펴 피하던지 순식간에 판단을 내려야 한다. 계속 머뭇거리거나 상황 판단을 제대로 하지 못한다면 오늘 곰의 점심 꺼리가 될지도 모른다.

직관은 비단 생사의 상황에 한정된 것만은 아니다. 인간 사회에 들어오면 더욱 복잡해지는데, 우리는 상대방의 눈빛만 보고도 적인지 동지인지를 빠르게 구별해야 한다. 또한 직장 생활에서는 눈치가 빨라야 남들보다 빠르게 승진할 수 있다. 능력도 능력이지만 상황 판단 감각도 능력 못지 않게 중요한 것이다.

그냥 거기에 둬야 할 것 같아 두었다

바둑이나 체스의 경우도 직관이 필요하다. 물론 얼마나 많은 수를 내다보느냐도 중요할 것이다. 하지만 초읽기에 몰리거나 형세가 수를 가늠하기 어려울 경우에는 직관에 의지할 수밖에 없다.

그래서 경기가 끝난 후에 이긴 바둑기사에게 왜 그 수를 두었냐고 하면 그냥 거기에 둬야 할 것 같아서라는 다소 싱거운 답을 듣는 일도 생긴다.

하사비스의 경우에는 어렸을 때 체스 신동 소리를 들으며 세계 청소년 체스 대회에서 2위를 한 이력이 있다. 그에게 있어 직관은 매 경기 때마다 요구되는 항목이었다.

어쩌다 패하게 되면 수를 파악하지 못한 것 외에도 왜 판세를 읽지 못하였는지 자신의 직관을 의심했을 것이다. 또 무언가 논리적으로 설명할 수 없는 순간의 직관으로 승리를 거머쥐었을 때에는 직관의 경이로움에 본인 스스로도 놀랐을 것이다. 그에게 있어 직관은 미스테리한 숙제였다.

하사비스 체스판을 떠나다

어느 날 하사비스는 돌연 체스를 그만두게 된다. 체스계의 신동이라는 영광을 뒤로 하고 말이다.

그 후 그는 케임브리지 대학에서 컴퓨터 공학을, 그리고 유니버시티 칼리지 런던에서는 인지 과학을 전공하게 된다. 거기서 그는 그동안 잘 몰랐던 뇌의 신비를 배우면서 컴퓨터 공학지식과 접목시켜 직관의 미스테리를 인공지능 기술로 구현하기로 마음먹는다.

그리고 그 대상으로 체스보다 경우의 수가 무한하여 직관이 요구되는 바둑을 선택한다. 하사비스의 대학 동문이자 딥마인드 개발 책임자인 데이비드 실버 박사도 "바둑에서 사람은 직관을 통해 누가 유리한지 판단하는데 기계는 그렇게 할 수 없다."며 바둑이야말로 인공지능이 도전해야 할 과제라고 밝힌 바 있다.

직관은 숲이다

직관은 나무가 아닌 숲을 보는 것이다. 바둑에 있어서는 판세를 읽는 것과 같다고 할 수 있다.

알파고는 이것을 정책망으로 부르는 신경망으로 구현했는데, 이것은 컴볼루션 신경망에 기반하고 있다.

컨볼루션 신경망은 인간이 눈으로 본 것을 뇌로 인지한 것처럼 컴퓨터가 이미지를 인지하고 이를 데이터로 처리할 수 있도록 하는 딥러닝 기법이다. 알파고는 컨볼루션 신경망을 적용해서 19X19(361수)로 바둑판 상태를 입력하고, 전문 바둑기사의 3,000만 가지 바둑판 상태를 추출해서 데이터로 사용했다. 그리고 여기에 다음 놓을 돌의 위치를 결정하는 가치망을 추가한 것이 바로 알파고다.

정책망, 직관을 흉내내다

여기서 알파고의 정책망은 어떻게 보면 인간의 직관을 흉내 낸 것이다. 즉 정책망을 통해서 승률이 높은 경우를 추려내고, 낮은 경우는 제외한다. 여기에 기존 정책망과 새로운 정책망과의 가 상대국을 통해 경기 결과를 바탕으로 가중치를 조정해서 스스로 학습하게 했다.

그 결과 현존하는 체스 세계 챔피언을 이긴 딥블루가 2억 개의 경우의 수를 고려한다면 알파고는 고작 10만 개만 고려하면 된다. 정책망을 통해서 승률이 높은 수만을 추려서 압축할 수 있 게 된 것이다. 마치 인간의 직관처럼 알파고도 바둑판 위의 형세 를 읽고 유리한 쪽에 돌을 놓을 수 있게 되었다.

이는 알파고 개발에 참여한 데이비드 실버 박사가 "알파고는 바둑 기사처럼 형세를 판단해 천문학적인 수준의 경우의 수에서 어떤 수를 두었을 때 승리할 수 있는지 판단하는데 최적화하는 방 향으로 개발했다."라고 밝힌 부분에서도 확인할 수 있다.

빅데이터를 직관하다

이것은 비단 바둑뿐만이 아니다. 지금과 같은 빅데이터 시대 에 인공지능의 직관은 무엇보다 중요하다. 매일 쏟아지는 데이터 속에서 유의미한 정보를 뽑아내야 하는 것이다. 그렇지 않으면 데 이터에 질식 당할 지도 모른다.

또한 그동안은 숫자와 같은 정형화된 데이터를 처리하면 되었지만 지금은 그 데이터의 형태가 엄청날 정도로 다양해졌다. 사진, 동영상, 위치 정보 등에 이르기까지 기존의 정보 처리 수단으로는 수용할 수 없는 빅데이터가 출현하고 있는 것이다.

그렇기 때문에 이러한 비정형화된 빅데이터에서 유의미한 패턴을 찾아내고 정보로 가공해 내는 인공지능의 직관이 무엇보다 요구된다.

하사비스 직관을 묻다

알파고의 승리로 인공지능이 인간의 직관까지 넘보게 되었다. 물론 인간의 직관을 뛰어넘기까지는 훨씬 더 많은 시간이 필요할 것이다. 하지만 그 가능성을 충분히 보여준 사례임이 분명하다.

이는 하사비스가 케임브리지 대학에서 당시 동문이던 데이비드 실버에게 바둑을 가르치면서 "컴퓨터에게 바둑의 직관을 배우게 할 수 있을까?"라고 반문하던 20년 전의 의문을 눈앞에서 실현하는 순간이었다.

하사비스의 그 작은 의문에서 시작된 알파고가 이번에는 우리에게 묻는다.

"아직도 직관이 컴퓨터는 따라 갈 수 없는 인간과 신의 영역인가?"

"Go has always been a holy grail for AI research."

딥마인드,
알파고 신드롬을 낳다

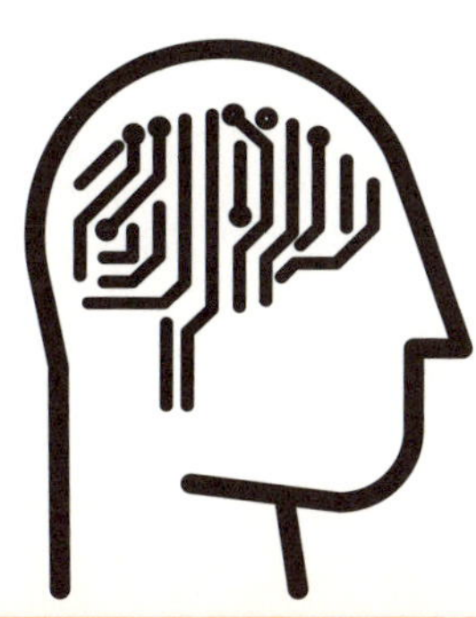

브레인들이 모이다

알파고의 주역 삼총사

오늘날 알파고가 있게 한 주역으로는 하사비스 외 세 명이 더 있다. 이들은 무스타파 술레이만, 셰인 레그, 데이비드 실버다. 이 들은 서로에게 영감을 주고, 지식을 나누었으며, 하사비스와 함께 인공지능 개발 회사인 딥마인드 테크놀로지를 공동 설립한다.

사실 어떤 일을 하는데 있어 슈퍼맨이 아닌 이상 자신이 못하 는 일이 있기 마련이다. 이 때 누군가와 함께 하느냐는 매우 중요 하다. 자신이 할 수 없는 일은 과감히 그 일을 잘할 수 있는 사람 에게 넘겨주고 자신의 역량에 집중하는 자세가 필요하다.

사실 딥마인드 테크놀로지가 구글의 인수 제안을 받아들인 일도 처음부터 계획된 것은 아니었다.

개발자인 하사비스에게 있어서 자금 조달은 신경 쓰고 싶지 않은 문제였고, 구글의 인수 제안이야말로 그런 부담을 줄이고 오 직 그가 연구 개발에 몰두할 수 있는 유일한 해법이었다.

이처럼 '모든 것을 하고자 하면 아무것도 못한다.'라는 철학을 그는 일찍이 깨달은 것이다.

데이비드 실버는 삼총사 중에서도 으뜸이었다. 데이비드 실버는 하사비스의 친구이자 케임브리지 대학 동문으로, 하사비스가 컴퓨터 공학을 전공할 당시 만났다.

하사비스는 데이비드 실버에게 바둑을 가르치기도 했는데, 이 때 하사비스는 데이비드 실버에게 제안을 한다. 그것은 컴퓨터에게 바둑을 가르치면 어떨까 하는 것이었다. 그들은 체스와 달리 바둑이 직관적인 게임이라는데 주목했다. 컴퓨터가 직관적인 것에 약하기 때문에 이 기회에 알고리즘을 만들자고 의기투합한 것이다.

실제로 체스의 경우에는 사전 프로그램이 가능하기 때문에 당시 학습 알고리즘에 관심을 가지고 있던 그들의 흥미를 끌지 못했다.

여기서 영감을 받은 데이비드 실버는 2004년 캐나다 앨버타 대에서 박사 과정을 밟을 때 바둑 딥러닝 알고리즘을 공동 개발하기도 했다.

훗날 하사비스는 알파고와의 첫 대국이 있던 날, "이런 상황은 우리에게 있어서 20년 간의 꿈을 이룬 것과 같다."라고 말했는데, 거기서 말한 우리에 데이비드 실버가 포함되어 있음은 물론이다.

알파고의 어머니, 데이비드 실버

특히 데이비드 실버의 경우 딥마인드에 합류하기 전 사진 속 인물이나 사물, 장소를 식별하는 컴퓨터 프로그램 기능인 인셉션 분야에서 자문을 맡고 있었는데, 이는 알파고 개발에도 그대로 활용된다. 즉 바둑기사의 과거 기보 3,000만 가지를 알파고에 입력하는 과정에서 데이비드 실버의 컨볼루션 신경망 기술이 적용된 것이다.

컨볼루션 신경망은 인간이 눈으로 바라본 것을 뇌에서 인식하는 것처럼 컴퓨터가 이미지를 인지하고 데이터 형태로 처리할 수 있도록 하는 딥러닝 기법이다. 이들은 프로 바둑 기사들의 착수 전략을 최대한 모방할 수 있도록 학습했다.

데이비드 실버는 하사비스에게 있어서 친구 이상의 의미였다. 하사비스가 피터 몰리뉴의 라이온헤드 스튜디오를 나와서 비디오 게임 개발회사를 차린다고 했을 때 기꺼이 하사비스와 합류한 그는 엘릭서 스튜디오를 공동 설립한다.

여기서 그는 CTO(최고 기술 책임자)와 수석 프로그래머로 활동했고, 현재는 하사비스의 곁에서 구글 딥마인드 리서치 사이언티스트를 맡고 있다.

셰인 레그와 체스로 통하다

데이비드 실버에 이어 알파고 개발에서 빼놓을 수 없는 사람이 셰인 레그다.

하사비스와 셰인 레그는 하사비스가 유니버시티 칼리지 런던 산하 개츠비 컴퓨테이셔널 신경과학 연구소에서 박사 과정을 밟고 있을 때 만났다.

셰인 레그는 뉴질랜드 로터루아 출신으로, 하사비스처럼 평범하지 않은 어린 시절을 보낸다.

초등학교 시절 셰인 레그는 낙제까지 할 정도로 학교에서 두

각을 나타내지 못하는 아이였다. 걱정이 된 셰인 레그의 부모는 그를 교육 심리학자에게 데리고 가게 되는데, 그곳에서 놀라운 얘기를 듣게 된다. 셰인 레그는 지적 능력이 떨어지는 아이가 아니라, 오히려 정반대로 머리가 비상한 아이라는 얘기였다. 또한 그의 학습 부진 이유는 난독증 때문이라는 사실도 알게 된다. 이 때부터 그는 책 대신에 키보드로 학습하는 법을 배우기 시작했고, 곧 전교 1% 안에 드는 성적을 기록했다.

당시 셰인 레그는 체스에도 매료되었는데, 이미 12살부터 체스 게임을 개발해서 친구들과 붙여 보는 등 범상치 않은 어린시절을 보낸다.

무협지 에피소드

이세돌 9단이 이번 대국 과정에서 남긴 말 중에 화제가 된 말을 꼽는다면 "이세돌이 진 것이지 인간이 진 것은 아니다."가 있다. 당시 이세돌 9단의 경우 무협지나 중국 드라마를 많이 본다고 알려졌는데, 세간에는 이런 멋진 말들이 무협지를 많이 읽었기 때문에 나온 것이 아니냐는 말도 회자되고 있다.

유니버시티 칼리지 런던에서 만나다

이후 셰인 레그는 와이카토대를 나와 오클랜드대에서 복잡계 이론을 전공한다. 그곳에서 자연과학 석사 학위를 받은 후 스위스 IDSIA 기계 지능 측정법 관련 박사 학위를 취득하고, 영국의 유니버시티 칼리지 런던 산하의 개츠비 컴퓨테이셔널 신경 과학 연구소에 들어간다.

바로 여기서 하사비스와 만나게 되는데, 그들을 처음 묶어준 것은 체스였다. 13살에 세계 체스 챔피언 자리에 올라간 하사비스와 12살때 체스 게임을 개발한 셰인 레그가 운명적인 만남을 갖게 된 것이다.

그리고 그들은 2011년 어느 날, 점심을 먹으면서 딥마인드를 같이 설립하기로 뜻을 모은다.

의기투합한 그들은 인공지능을 개발하는 기업으로 스타트업을 하게 되는데, 당시만 해도 인공지능이라고 하면 별나라 애기처럼 받아들이던 때였다. 하지만 그들은 사람들의 반응에 실망하지 않고 자신들의 비전과 가능성을 투자자들에게 꾸준히 알렸다. 그 결과 구글로부터 인수 제안을 받게 된 것이다.

현재 셰인 레그는 구글 딥마인드의 최고 기술자로 활동하고 있다.

뛰어난 사업가, 무스타파

알파고의 주역 삼총사 중 나머지 한 사람으로는 무스타파 술레이만을 들 수 있다.

하사비스는 자신의 친동생을 통해 무스타파 술레이만과 만났다. 그는 데이비드 실버나 셰인 레그보다 사업적인 마인드가 뛰어났다. 실제로 그는 11살에 스코틀랜드 국민 음료수인 아이언브루를 도매로 가져와서 자신이 다니던 퀸즈 엘리자베스 초등학교 친구들에게 팔기도 했다.

또 그는 병원에서 휠체어를 빌려 지역 장애인들을 대상으로 런던을 관광시켜주는 사업을 펼치기도 했는데, 그 일로 젊은 기업가 상을 수상하기도 했다. 그의 사업 수완을 짐작해 볼 수 있는 대목이다.

무스타파 술레이만은 22살에 당시 런던 시장이었던 켄리빙스턴 밑에서 인권 정책 일을 하였으며, 무슬림 청년 전화 상담 서비스를 만드는 과정에도 참여한다.

무스타파, 하사비스와 통하다

무스타파 술레이만은 하사비스처럼 넉넉치 않은 가정에서 태어났다. 간호사인 영국인 어머니와 택시기사인 시리아 출신의 아버지 사이에서 태어난 그는 옥스퍼드 대학에서 신학과 철학을 전공했지만, 2년만에 중퇴한다.

그 후 그는 하사비스의 동생을 통해 하사비스를 알게 되는데, 타고난 동물적인 사업 감각으로 하사비스에게서 가능성을 보게 된다. 특히 세상을 바꾸고 사회적 난제를 해결하자는 하사비스의 얘기는 그를 매료시키기에 충분했다. 또한 비슷한 환경의 가정에서 자란 그들만의 묘한 공감대도 한몫했다.

현재 그는 구글 딥마인드의 AI 응용 부문 책임자(CPO)로서 구글 제품에 AI 기술을 접목하는 일을 총괄하고 있다. 즉 유튜브나 구글 검색 엔진 등에 인공지능을 활용한 동영상 추천 기능이라든지, 검색 엔진의 검색 효율성을 높히는 작업을 하고 있다.

알파고의 무대 뒤

이들은 모두 딥마인드 테크놀로지를 공동 설립한 후 현재의 구글 딥마인드가 있기까지 함께 걸어왔다.

이번 알파고의 대국으로 하사비스에게 모든 스포트라이트가 향하고 있지만 사실 이들 세 명이 없었다면 불가능한 것이었다.

마치 한 편의 연극이 만들어지기까지 무대 뒤에서 조명을 켜고, 배우의 분장을 대신 해주고, 관객의 귀를 사로잡는 배경음을 만드는 사람들이 없으면 안 되는 것처럼, 하사비스가 무대 위에 주연으로 서기까지는 이들의 숨은 공로가 컸다.

꽃다발 에피소드

이세돌 9단에게 있어 제일 절망적이었던 순간을 묻는다면 아마도 3연패를 당한 3국이 끝난 직후였을 것이다. 당시 그 날은 마침 이세돌 9단의 결혼 10주년 기념일이기도 했는데, 하사비스는 "이세돌 9단의 결혼 10주년을 축하하며, 두 분의 영원한 행복을 기원합니다."라는 축하카드와 함께 꽃다발, 샴페인을 보냈다고 한다. 하사비스 특유의 유머와 여유를 엿볼 수 있는 대목이다.

알파고의 태동

알파고의 첫승

알파고는 구글이 소유한 인공지능 기술 개발업체 딥마인드가 창조해낸 인공지능 바둑 시스템이다. 딥마인드는 하사비스가 2010년 영국에서 설립했으며, 구글이 딥마인드를 인수한 시점은 2014년 1월이다.

딥마인드가 구글에 인수된 이후인 2015년 10월에는 유럽의 바둑 챔피언 판 후이(Fan Hui) 2단을 상대로 공식 대국에서 승리했다. 5번 진행된 대국 모두 알파고의 승리로 끝났다. 사람이 만든 인공지능 시스템이 프로 바둑 기사를 능가하는 실력을 갖추게 됐음을 현격한 실력 차이로 입증한 셈이다.

알파? 고?

알파고는 '알파(Alpha)'와 '고(Go)'라는 두 개의 단어를 합친 이름이다. '알파'는 그리스어 자모의 첫째 글자로 영어의 A에 해당한다. 이 때문에 '최초, 처음, 첫째 가는 것' 등의 의미를 내포하

고 있다. '고'는 바둑을 뜻하는 한자 '기(碁)'의 일본식 음독이다. 한국에선 '기'라고 읽지만, 일본에선 '고'라는 음으로 읽힌다. 일본은 서양을 상대로 제일 먼저 바둑을 보급했고, 이 때문에 영어권에서는 바둑을 'The game Go(더 게임 고)'라고 부른다. 종합하면, 알파고는 '바둑에서 첫째 가는 것'이라는 의미를 가진 이름이다.

딥블루, 인간을 꺾다

지금까지 바둑은 컴퓨터 인공지능이 도전하기엔 너무 어려운 게임이었다. 체스는 이미 지난 1997년 인간이 컴퓨터에 정복당한 영역 중 하나다.

IBM이 개발한 슈퍼컴퓨터 '딥블루(Deep Blue)'가 체스 세계 챔피언 가리 카스파로프를 꺾은 것이 기준점이다. 인공지능이 체스로 인간을 정복한 이후 20여 년이 지났지만, 컴퓨터에게 있어서 바둑은 여전히 미지의 영역으로 남아 있었다.

체스 vs 바둑

체스와 달리 바둑이 인공지능의 도전 과제로 남아 있었던 까닭은 바로 복잡성 때문이다. 바둑의 규칙은 매우 간단하다. 바둑판 위에 흰 돌과 검은 돌을 번갈아 놓으며 상대편의 돌을 들어내거나 공간을 둘러싸 '집'을 만드는 것이 목표다.

그런데, 바둑에 있어서 컴퓨터가 고려해야 하는 경우의 수는 체스와 비교했을 때 기하급수적으로 늘어난나. 체스는 말을 움직이는 방법이 정해져 있지만, 바둑은 자유롭게 돌을 놓는 방식이기 때문이다. 또, 체스와 비교했을 때 바둑은 게임의 판이 더 크다. 바둑 경기에서 경우의 수는 10의 170 제곱에 이른다. 이는 우주에 있는 원자의 수보다 큰 숫자다. 체스와 비교할 때 경우의 수가 10의 100 제곱 이상 많은 것이다.

바로 이 점에 주목한 하사비스는 바둑이야말로 인공지능을 시험할 수 있는 좋은 게임이라고 생각한다. 다만 한가지 아이러니한 점은 그 자신이 13살에 세계 체스 챔피언 2위까지 오른 체스 마스터라는 사실이다.

클라우드 기반의 알파고

알파고는 1,200여 대의 중앙처리장치(CPU)가 연결된 슈퍼컴퓨터로, 빅데이터 연산을 수행하는 소프트웨어다. 알파고는 초당 경우의 수 10만 개를 검색할 수 있다. 프로 바둑기사는 다음 수를 놓기 위해 보통 초당 100개에 달하는 경우의 수를 고려한다고 한다.

알파고에는 CPU와 더불어 그래픽연산장치(GPU)가 500~600장 투입됐다. 알파고의 GPU 한 장은 개인용 컴퓨터에 들어가는 CPU보다 최소 8배 이상 빨리 계산할 수 있는 능력이 있다. 바둑 한 수를 두기 위해 최고급 컴퓨터 4,000~5,000대를 한꺼번에 동원한 것이라는 계산이 나온다. 더구나 이런 장비를 모두 100Gbps급의 초고속 네트워크로 연결했다. 컴퓨터끼리 정보를 주고받을 때 걸리는 시간을 최소화 한 것이다.

몬테카를로 트리 탐색

딥마인드는 알파고 시스템을 구축하는 과정에서 '트리 탐색(Tree Search)' 기술을 이용하는 대신 '몬테카를로 트리 탐색(MCTS)' 기술과 '심층 신경망(Deep Neural Network)' 기술을 결합해서 활용하도록 설계했다. 몬테카를로 트리 리서치는 선택지 중 가장 유리한 선택을 하도록 돕는 알고리즘이다. 예를 들어 알파고가 검은 돌로 대국을 벌인다고 가정할 때, 흰 돌이 어디에 위치하느냐에 따라 검은 돌을 두는 알파고의 선택이 달라지도록 한다는 의미다. 이 같은 최적의 선택이 반복될수록 대국은 유리하게 풀린다.

정책망과 가치망

구체적으로 알파고가 바둑돌을 놓을 위치를 정하는 알고리즘은 '정책망(Policy Network)'이라는 이름이 붙여진 신경망과 '가치망(Value Network)'이라고 부르는 또 다른 신경망의 결합에 의해 이루어진다. 정책망은 다음에 돌을 어디에 둘지 선택하는 알고리즘이고, 가치망은 승자를 예측하는 역할을 한다. 말하자면, 알파고의 바둑 대국은 머신러닝으로 훈련된 정책망과 가치망의 결합이 몬테카를로 트리 리서치라는 알고리즘을 통해 발현되는 것이다.

스스로 배우는 강화 학습

알파고의 머신 러닝 훈련 첫 단계는 '정책망 지도 학습(Supervised learning of Policy Networks)'이다. 바둑기사가 그러하듯 비둑돌의 다음 위치를 예측하도록 훈련하는 과정이다.

딥마인드는 총 13개의 레이어로 구성된 정책망을 디자인하고, KGS 바둑 서버에 등록된 3천만 개의 바둑돌 위치 정보를 바탕으로 알파고를 훈련시켰다. 이 같은 과정을 통해 과거 44% 수준에 머물던 인공지능의 예측 확률을 57%까지 끌어올릴 수 있었다는 게 딥마인드의 설명이다.

알파고 훈련의 두 번째 단계는 '정책망 강화 학습(Reinforcement learning of policy networks)'이다. 말 그대로 강화 학습을 통해 정책망의 성능을 개선하는 단계다. 딥마인드는 현재의 정책망과 무작위로 선택된 정책망 사이의 무수한 반복 대결을 통해 알파고를 학습시켰다. 현재의 플레이어 관점에서 시스템이 대국에서 이기면 보상을 받고(+1), 지면 보상을 잃는(-1) 방식으로 정책망 강화 학습이 진행됐는데, 딥마인드는 이 같은 과정을 통해 강화 학습 정책망이 강화 학습 이전의 지도 학습 정책망과 비교했을 때, 80% 더 많은 대국에서 이길 수 있게 됐다고 설명한다.

마지막 단계는 '가치망 강화 학습(Reinforcement learning of Value Networks)'으로, 바둑돌의 위치 평가를 바탕으로 결과를 예측하는 것을 강화하는 단계다. 알파고는 3천만 개가 넘는 위치 정보를 바탕으로 '셀프 대국'을 벌여 가치망의 분석 능력을 업그레이드했다.

494번의 승리, 1번의 패배

하사비스는 다양한 바둑 프로그램과 대국을 벌여 알파고의 실력을 검증했다. 현재 가장 강력하다고 알려진 상업용 바둑 소프트웨어 '크레이지 스톤(Crazystone)'과 '젠(Zen)'을 포함해서 오픈 소스 바둑 프로그램 '파치(Pachi)'와 '푸에고(Fuego)' 등이 알파고의 연습 대국 토너먼트 상대가 됐다.

그런데 여기서 알파고는 총 495회 바둑 소프트웨어와 대국을 벌인 결과 딱 한 번 패배하고 494번의 승리를 거둔다. 승률로 따지면 99.8% 수준이다. 가히 놀라운 수준이라고 할 수 있다.

그리고 2015년 10월 5일 열린 판 후이 2단과의 대국에서 전 대국 승리라는 최초이자 기념비적인 승리를 거두게 된다.

이세돌 9단을 꺾다

판 후이를 꺾은 알파고는 2016년 2월 세계 랭킹 4위인 이세돌 9단과 맞붙게 된다. 대국은 알파고의 승리로 끝났고, 이 승리 뒤에는 하사비스가 있었다.

그는 이번 대국에서 20년 간의 꿈을 이룬 것 같다고 어느 인
터뷰에서도 밝힌 바 있다.

오직 인공지능을 개발하겠다는 일념으로 20년 넘게 한길만을
고집하였기에 오늘날의 알파고가 있게 된 것이다.

아무도 다니지 않았던 그 길을 그는 길로 만들었고, 사람들이
자신의 다음 행보를 주목하도록 만들었다.

화장실 에피소드

이번 알파고와 이세돌 9단과의 대국에서 알파고의 손이 되어준 사람이 있다. 바로 아자황 박사다. 아자황 박사는 5국 내내 화장실을 단 한번도 가지 않은 것으로 유명하다. 물론 긴장한 탓도 있었겠지만 인간의 가장 생리적인 욕구를 뛰어넘은 그의 집중력은 혀를 내두르게 한다. 그런 배경에는 그가 대국 도중 물을 거의 안 마신 영향도 있었을 것이다.

그런데 아자황 박사 못지않게 이세돌 9단도 평소보다 화장실을 적게 갔다고 한다. 당시 화장실은 대국장에서 좀 멀리 떨어져 있었는데, 그나마 한두 번 다녀올 때마다 서둘러 돌아오는 기색이 역력했다고 한다. 그만큼 좀 더 시간을 아끼기 위해 노력하는 모습과 대국에 대한 긴장감을 엿볼 수 있는 대목이다.

흥행의 마법사

성공적인 대국

구글 입장에서 이번 대국은 흥행에 성공한 것으로 보인다. 무엇보다 알파고의 승리로 끝이 났고 단순히 금전적 이익 외에도 인공지능을 선도하는 기업으로서의 이미지를 잘 구축했기 때문이다.

승패보다 흥행이 먼저다

사실 흥행이라는 것은 그 내용이 중요한 것이 아니다. 흥행에 성공했다는 것은 그만큼 그 경기가 사람들의 입에 많이 오르내렸다는 것이다. 즉 입소문이 번진 것으로, 흥행은 얼마만큼 많은 사람들의 관심과 흥미를 끌었는지가 관건이다. 또한 그 입에 어떤 내용이 따라 붙었느냐보다 얼마나 많은 입을 타고 퍼졌는지가 중요하다.

노이즈 마케팅은 기법이다

그런 점에서 일명 노이즈 마케팅이 횡행하기도 한다. 노이즈 마케팅이란 자신의 상품을 각종 구설수에 휘말리도록 함으로써 소비자들의 이목을 집중시켜 판매를 늘리려는 마케팅 기법이다. 여기서 주목해야 할 점은 노이즈 마케팅도 엄연히 마케팅 기법이 라는 점이다. 다만 상품의 품질과는 상관없이 소비자들의 이목을 현혹시켜 판매를 늘리는 것이 목적이라는 점에서 부정적으로 쓰 인다.

특히 이러한 노이즈 마케팅은 주로 텔레비전의 오락 프로그 램이나 새로 개봉하는 영화를 홍보할 때 주로 쓰이는데, 시청률을 끌어올리기 위해서 방송 프로그램의 내용과 무관한 논쟁이나 시 비거리를 만들어 의도적으로 이슈화시키는 것이다.

이러한 노이즈 마케팅은 판매만 잘 되면 그만이다라는 인식 에 근거한다. 설사 그것이 사회적 논란이나 비판의 대상이 된다고 하더라도 말이다. 하지만 이러한 기법은 얼마간은 소비자의 관심 을 끌 수 있지만 이것이 반복될 경우 불신을 조장할 수 있다는 점 에서 한계가 있다.

소비자가 광고한다

또한 바꿔 얘기하면 아무리 제품이 좋아도 소비자의 관심을 끌지 못하면 실패한다는 말과 다르지 않다. 즉 마케팅의 중요성은 아무리 강조해도 지나치지 않은데, 그러다 보니 기업들이 앞다투 어 비싼 광고료를 지불하고 CF나 신문 광고를 하는 것이다.

기업의 경우, 이왕이면 광고비는 적게 들면서 효과는 좋은 광 고를 선호할 수밖에 없다. 이익을 추구하는 기업 집단의 논리상 당연한 결과다. 그렇다면 광고비가 적게 드는 광고는 무엇인가?

광고를 통해 소비자에게 제품의 우수성을 일일이 알리는 데에는
한계가 있다. 그 자체가 모두 비용이 수반되기 때문이다. 따라서
기업은 광고가 아니라 소비자의 입이 광고를 해주는 방법을 찾아
야 한다. 기업이 할 일을 소비자가 대신해 주는 것이다. 이것이 잘
만 된다면 기업은 효과를 극대화 할 수 있을 뿐만 아니라, 엄청난
광고비를 절약할 수 있다.

구글의 마케팅

그런 점에서 이번 구글의 대국은 가히 성공적이라고 할 수 있
다. 구글이 이번 대국에 대해 CF 광고를 찍어 TV에 내보냈는가?
아니면 신문 광고를 만들어 1면에 나오게 하였는가? 아니면 요즘

같은 인터넷 시대에 억대 배너광고를 했는가?

또한 대국에 많은 돈이 들었을까? 구글이 이번 대국을 위해 쓴 비용은 이세돌 9단의 대국료를 포함해서 약 2억원 정도에 불과하다. 그런데 공중파 3개 방송사가 돌아가며 대국을 생중계까지 해주고 연일 전 매체에서 기사를 쏟아냈다. 어떤 제품을 이 정도 수위까지 홍보하려면 수백억은 족히 들 것이다. 그 광고를 알파고와 이세돌의 대국이 대신해준 거다. 또한 이것은 단순히 미디어의 광고만을 놓고 얘기하는 것은 아니다. 사람들이 입에서 입으로 광고를 해줬다. 직장인들이라면 점심을 먹으며 누가 이길 것인지 소소한 내기를 걸기도 했을 것이다.

하사비스의 입장에서는 거의 손도 안 대고 코를 푼 격이다.

한국을 선택한 것은 우연인가

바둑의 경우 한중일 3개국에서 인기가 있는 종목이다. 그러고 보면 이번 경기도 3개국이 어떻게든 연관되어 있다. 알파고 (Alpha Go)의 Go는 일본식 바둑을 가리키는 발음이며, 대국의 룰은 중국식 룰을 따른다. 끝으로 대국 장소는 한국이며, 대국자 또한 한국인이다. 그런 점에서 놓고 보면 이번 대국은 우스개 소리로 한중일 합작 경기라고 할 수 있다.

그런데 대국이 한국에서 이루어진 까닭은 무엇일까? 왜 하사비스는 한국을 선택했을까? 사실 세계 랭킹 1위는 중국의 커제 9단이다. 엄밀히 보면 중국에서 해야 하는 것이 맞다. 그런데, 중국은 구글과 조금 껄끄러운 관계이다. 중국의 공안 정책에 의해 구글의 자회사인 유튜브 등의 접속이 제한되기 때문이다. 하지만 그

렇다고 해서 구글이 중국이 아닌 한국을 대국 장소로 선택한 배경
에 대한 의문이 모두 풀리는 것은 아니다.

2002년 월드컵

2002년 월드컵 당시 우리 국민이 보여준 열의는 상상을 초월
했다. 거의 온 나라 전역이 붉은 물결을 이루었다고 해도 과언이
아니다. 모든 국민들이 축구를 입에 달고 살았으며, 경기가 진행
될 때는 차가 다니지 않을 정도였다.

비단 축구에만 해당되는 얘기가 아니다. IMF 위기 때는 누가
먼저랄 것도 없이 집에 있는 금붙이를 들고 나와 국가에 바쳤다.
사실 공산주의 국가가 아니고서야 이렇게 자발적으로 재산을 헌
납하는 진풍경을 어디에서 볼 수가 있을까?

하사비스는 바로 이런 점에 주목했다. 한국 국민의 자긍심을
어느 정도 자극한다면 폭발적인 결집력이 생긴다는 것을 확신한
것이다. 이보다 Input 대비 Output이 확실한 것이 어디에 있겠는
가. 알아서 해주는 입소문은 자연히 따르는 부산물이었다.

매력적인 모델, 이세돌

하사비스가 이번 행사의 디렉터라면 스테이지는 한국이고, 상
대 배역은 이세돌 9단이다. 사실 세계 랭킹 1위인 커제가 중국과
의 껄끄러운 상황 등으로 제외되었다면 세계 랭킹 2위와 붙는 것
이 맞다. 세계 랭킹 2위는 한국의 박정환 9단이며, 2위가 아니라면
3위인 일본의 이야마 유타 9단과 붙는 것이 순리일 것이다. 그런
데 하사비스는 왜 하필 세계 랭킹 4위인 이세돌을 선택했을까?

하사비스는 대국 상대를 선택하는데 있어서 바둑계의 전설적이고 상징적인 인물과 겨루고 싶다는 포부를 밝힌 바 있다. 그러면서 이세돌을 선택한 이유로 이세돌이 창조적인 수를 많이 두는 바둑기사라는 점을 꼽으면서 알파고가 배울 것이 많다는 사실을 내세웠다.

박정환 vs 이세돌

하지만 그렇다고 해도 하사비스가 한국의 박정환 9단이 아닌 이세돌 9단을 선택한 이유로는 부족해 보인다. 박정환 9단과 이세돌 9단은 나이로는 10년 차로 이세돌이 위다. 하지만 실력으로만 본다면 박정환 9단은 기존에 이세돌 9단이 갖고 있던 27개월 연속 1위 기록을 깬 장본인이기도 하다. 물론 대국이 있기 한달 전 명인전에서 이세돌 9단이 박정환 9단을 꺾으며 건재를 과시했지만 말이다.

그런데 하사비스는 박정환 9단이 아닌 이세돌 9단을 상대 배역으로 정하게 된다. 물론 그의 말대로 알파고가 이세돌 9단의 창조적인 바둑 수 스타일에서 배울 점이 많을 거라는 점도 있을 수 있다. 하지만 그 이면에는 철저히 마케팅적인 계산이 깔려 있다. 그것은 크게 두 가지다.

구관이 명관?

사실 실력으로는 박정환 9단이 이세돌 9단보다 우위에 있을 수 있다. 하지만 인지도 측면에서 이세돌 9단이 박정환 9단보다 더 높은 위치에 있다. 이세돌 9단이 활동했을 무렵에는 바둑의 인기도가 지금보다 훨씬 높았다. 그만큼 바둑을 아는 사람이 많고 관심이 높을 때였다. 이세돌 9단은 어려서부터 바둑 천재로 이름을 날렸고, 2000년에는 32연승을 달리며 불패 소년이라는 별명을 얻기까지 했다. 또한 2003년에는 이창호 9단을 누르면서 바둑 최강자의 계보를 이어받기도 했다. 그만큼 이세돌 9단은 바둑계를 떠나 국민적 관심과 사랑을 한 몸에 받았다.

따라서 하사비스의 입장에서는 지금 잘 나가는 박정환 9단보다는 예전에 국민적 인기와 사랑을 한 몸에 받았던 이세돌 9단에게 더 끌렸을 것이다. 그만큼 국민적 향수를 자극하기에 이세돌 9단만한 인물이 없다고 본 것이다.

한번 지더라도 한번 더

두번째 이유로는 처음부터 한국의 랭킹 1위와 붙는 것에 대한 부담이 있었을 수 있다. 처음부터 강자와 붙어서 알파고가 지게된다면 다음을 노릴 수가 없기 때문이다. 2인자와 붙어서 이긴다면 다음에 1위와 붙을 명분도 생기고 설혹 진다고 해도 미비점을 보완해서 1위와 붙어 이기면 그만이다.

사실 알파고가 이번에 이세돌 9단과 대국을 해서 이기기는 했지만 4국에서는 패한 기록이 있다. 하사비스 또한 알파고를 처음부터 1위와 대국을 붙이기에는 부담스러웠을 것이다. 어떻게 보면 시제품의 파일럿 테스트 상대로 이세돌 9단을 지목했다고도 할 수 있다.

흥행의 귀재 하사비스

결국 하사비스가 대국지로 한국을 선택하고 이세돌 9단을 선택한 이유는 무척 영리해 보인다. 마케팅적으로 고도로 계산된 것이다. 디렉터로서 정확히 의도한 대로 관객의 반응을 이끌어냈다. 만일 하사비스를 개발자로만 기억한다면 그는 섭섭해할지도 모른다. 물론 이번 행사를 하사비스가 전부 다 기획한 것은 아닐 것이다. 하지만 CEO로서 중요한 의사 결정은 그가 내렸음이 분명하다. 그것이 마케팅과 관련된 내용이라도 말이다.

그런 점에서 하사비스를 개발자이기 이전에 흥행의 귀재라고 불러도 손색이 없을 것이다.

꿈 에피소드

이세돌 9단의 꿈에 아자황이 나왔다고 해서 화제다. 사실 꿈이라는 것이 현실에서 억압된 긴장을 해소하는 역할도 하지만 그만큼 대국에 대한 압박감이 꿈에서까지 나올 정도로 컸음을 알 수 있다. 이 사실은 이세돌 9단의 부인 김현진 씨를 통해 알려졌는데 아침을 먹기 위해 이세돌 9단을 깨우는 과정에서 이세돌 9단이 아자황과 같이 먹겠다고 잠꼬대를 했다는 것이다. 잠에서 깨어난 이세돌 9단이 기억을 못했음은 물론이다.

인공지능이라고 쓰고
바둑이라 읽는다

인공지능의 아버지?

사실 하사비스를 알파고의 아버지라고 부르는 것은 좋지만, 그를 인공지능의 아버지라고 말하기에는 다소 무리가 있다. 물론 그가 인공지능 부문을 선도하는 인물이라는 점은 틀림 없다. 그렇다고 하더라도 단지 알파고의 승리만으로 그를 인공지능 부문 최후의 승리자라고 하기에는 부족하다.

혁신의 아이콘

하지만 하사비스는 대한민국 국민이라면 거의 모르는 사람이 없을 만큼 유명 인사가 되었다. 그도 그럴 것이 거의 하루가 멀다 하고 그의 이름과 사진이 매체에 보도되었기 때문이다. 심지어는 애플의 스티브잡스와 비견되기도 한다. 그는 한마디로 혁신의 아이콘이 되었다.

묻혀진 산업

물론 인공지능 산업에 있어서 그가 혁신의 리더임은 사실이다. 하지만 인공지능을 떠나서 생각해 보면 사실 혁신은 도처에 깔려 있다. 지금도 여러 산업 부문에서 보이지 않는 혁신이 조용히 진행되고 있다. 때론 날밤 새워가며 연구를 진행하는 연구소에서 나올 수도 있고, 어느 사무실 한켠에서 혁신의 아이디어가 나올 수도 있다. 제품으로 놓고 본다면 좀 더 인간에게 최적화되고 편리한 혁신적인 제품이 매일 쏟아져 나오고 있는 것이다. 기존의 날개 있는 선풍기와 바람의 세기는 똑같지만 날개가 없는 선풍기 제품도 혁신이라면 혁신이다.

하물며 제품뿐이랴. 물리학이니 천체학 상관없이 노벨상을 받은 사람 면면을 보면 경이롭기까지 하다. 어떻게 그런 놀라운 아이디어가 나왔는지 우리 같은 범인들이 보면 신기하기 그지없다.

그런데 그렇다고 해서 세상을 바꾼 혁신적인 사람들이 모두 관심을 끌지는 못한다. 왜냐하면 너무 어렵고 복잡하기 때문이다. 그 정도는 과학 기사면에 이러 이러한 이유로 올해 노벨상을 받게 되었다는 한두 줄의 문장으로 끝이 나기 쉽다.

하사비스의 그늘?

그에 반해 하사비스는 전 세계인들의 관심을 받으며 일약 스타 CEO가 된다. 어떻게 보면 과대 포장된 면이 없냐고는 할 수 없을 것이다. 인공지능의 모든 기술이 다 그의 머리에서 나온 것이 아니라면 말이다.

그 전에도 인공지능 부문에 있어서 혁신적인 기술은 있었다. 어떻게 보면 그동안 일선 대학이나 산업 현장에서 혁신을 해온 사람들 입장에서는 이런 과도한 쏠림이 그렇게 편하게만은 보이지 않았을 수 있다. 물론 그동안 비인기 분야였던 인공지능의 중요성에 대해 이러한 쏠림이 사회적 반향을 가져온 점은 별론으로 하더라도 말이다.

완전체외 비완전체

일단 대국 결과를 떠나서 하사비스에 대한 쏠림을 어떻게 이해해야 하는가? 그것의 답은 알파고에 있다. 대부분의 혁신 기술은 원천 기술에서 나온다. 원천기술은 어떤 부문에 있어 최초로 나온 신개념 기술로, 그것으로 인해 파생적인 기술이 발생하는 기술을 말한다.

그런데 이런 기술은 너무 개념적이어서 이해하기가 힘들다. 해당 분야에 있는 사람들은 열광할 수 있지만, 일반인들의 눈에는 뜬구름처럼 보인다. 무언가 유용할 것이라는 생각은 들지만, 손에 잡히지 않는 것이다.

그런데 하사비스는 원천기술 등을 녹여 알파고라는 상용 수준으로 소프트웨어를 내놓는다. 인공지능 학자들은 그 상자 안에 무엇이 담겨 있는지가 주요 관심사지만, 대중은 그렇지 않다. 그 상자 안에 무엇이 들어 있고, 이떤 기능을 하는지에는 관심이 없다. 알려고도 하지 않는다. 굳이 안다고 하더라도 자신에게 해당되는 이해할 수 있는 수준 그 이상의 관심을 보이지 않는다. 중요한 것은 블랙박스에서 나오는 Output인 것이다.

브리핑룸 발표로 끝나다?

그런 점에서 하사비스는 영리하다. 그가 만일 구글 브리핑룸에서 최근 인공지능의 혁신적인 기술을 소개했다면 어땠을까? 그 발표에 과학자들의 논평이나 코멘트 정도가 추가되어 몇몇 지면에 소개되는 정도에 그쳤을 것이다.

하지만 그는 그 기술을 설명하는 대신 알파고를 개발해서 이세돌 9단과 대국을 펼치는 것을 선택한다. 그 결과는 어떠했는가? 사람들은 그를 알파고의 아버지, 인공지능의 대가라고 부르는 것을 주저하지 않는다. 또한 인공지능 산업계에 엄청난 사회적 관심과 눈길을 쏠리게 만들었다.

인공지능이라고 쓰고 바둑이라고 읽는다

물론 하사비스는 자신의 목표가 세상에서 누구보다 바둑 잘 두는 프로그램을 개발하는 것에 있지 않음을 밝힌 바 있다. 알파고를 통해 현재의 기술 수준을 시험하고 그 기술을 통해 전 세계에 영향을 주는 기후 등의 문제를 해결하는데 인공지능을 활용하겠다고 말한 것이다.

처음부터 그것이 목적이었다면 알파고가 아닌 기후 등의 문제를 해결하는 인공지능을 개발하는 것이 일견 맞아 보인다. 하지만 그는 그렇게 하지 않았다. 어떻게 보면 직진으로 갈 수 있는 길을 돌아간 것이다. 기후 등과 같은 거창한 주제가 아닌 느닷없는 바둑 게임을 세상에 내놓았으니 말이다.

하지만 그렇게 하였기에 전 세계적인 관심과 흥미를 불러일으켰고 오늘 날 하사비스를 일견 스타로 부상하게 했다. 이런 폭발적인 반응을 가져온 것은 그가 다소 일반인이 이해하기 어려운 인공지능 기술을 대중이 다가서기 쉬운 게임의 형태로 내놓았기 때문이다. 말 그대로 인공지능이라고 쓰고 바둑이라고 읽은 것이라고 할 수 있다.

덩달아 바둑 관심 고조

그러다 보니 전혀 엉뚱하게 바둑에 대한 인기도가 급상승했다. 마치 이웃에 과수원이 차려지니 양봉업자가 웃는 꼴이다.

체스는 그나마 전 세계적으로 알려져 있지만, 바둑은 한·중·일을 제외하면 모르는 국가들이 많다. 뿐만 아니라 바둑은 한·중·일 안에서도 인기가 시들해지던 터였고, 그나마 마니아들 사이에서 소소하게 명맥을 이어 왔다.

그런 배경에는 컴퓨터의 등장이 무관하지 않다. 예전의 장기판, 바둑판 대신에 컴퓨터 모니터가 자리를 차지하고 있다. 컴퓨터를 켜면 바둑보다 훨씬 자극적이고 화려한 게임이 수두룩하다. 한마디로 놀거리가 훨씬 다양하고 많아졌다는 얘기다.

하지만 이번 대국을 통해 바둑을 모르던 사람들도 그 가치를 알게 되었고, 이미 알고 있는 사람들 사이에서도 그 가치가 재조명되고 있다. 그만큼 하사비스가 만든 알파고의 파급력을 엿볼 수 있는 대목이다.

바둑대결? 인간 vs 기계

그리고 하사비스는 드러내놓고 얘기하지는 않았지만 결국 이 대국이 단순히 바둑 대결로 끝나지 않을 것임을 시사했다. 이세돌 대 알파고가 아닌, 인간 대 기계의 대결로 확산되리라는 것을 짐작케 하는 대목이다. 실제로 대국이 시작되기 전부터 대국이 끝난 오늘까지도 인간을 위협하는 인공지능의 현주소라는 기사를 심심치 않게 볼 수 있다.

그만큼 인간과 기계의 대결이라는 주제에는 인간 내면 깊숙이 자리한 환타지가 숨어 있기 때문이다. 그래서 인간과 기계의 대결은 수많은 SF영화의 단골 소재로 쓰이기도 했는데, 내표적인 것이 바로 터미네이터이다. 그에 따라 일각에서는 하사비스가 스카이넷의 아버지 마일스 다이슨이 될 것이라는 말까지 하고 있다.

결국 이 멋진 대국의 뒤에는 능숙한 이야기꾼이 숨어 있었다. 의심할 것도 없이 하사비스다.

같은 내용을 얘기해도 정말 재미있게 말하는 사람이 있다. 또 졸다가도 눈이 번쩍 뜨이게 할 만큼 흥미진진하게 이야기를 풀어나가는 사람이 있다. 그 안에 온갖 이해하기 힘든 수학적 기호나 암호같은 문구가 가득해도 말이다.

바로 하사비스가 그런 사람이었다. 그를 디렉터라고 본다면 그는 소위 평론가들이 선호할 만한 예술 영화를 대중적인 영화로 탈바꿈시켰다. 관객의 눈 높이에서 관객이 이해하기 쉽고 흥미를 불러일으키는 내용으로 화면을 가득 채운 것이다. 또한 단순히 괴수 영화가 아니라 다큐 수준의 진중함까지 갖추었다.

결국 그렇게 함으로서 역대 최대 흥행 영화가 탄생한 것이다. 그의 차기작이 벌써부터 기다려지는 대목이다.

9등 에피소드

구글은 검색 엔진에 유입되는 키워드를 통해 전세계 트렌드를 발표하는 구글 트렌드를 운영하고 있다. 당시 대국이 끝난 후 하사비스는 자신의 트위터에 "현재 이세돌은 전 세계에서 첫번째로 관심을 많이 받고 있으며, 7위와 9위도 그가 차지했다."는 글과 함께, 구글 트렌드의 화면을 캡처한 사진을 같이 올려 화제가 되었다. 그만큼 이번 대국과 이세돌 9단에 대한 세계적 관심을 알 수 있는 대목이다.

딥블루를 넘어 딥마인드로

딥블루의 탄생

하사비스가 만든 알파고를 얘기할 때 빠지지 않는 것이 딥블루다. 알파고 입장에서는 할아버지격이다.

딥블루는 세계 체스 챔피언 그랜드마스터 가리 카스파로프를 시간 제한이 있는 정식 대국에서 이긴 최초의 컴퓨터이다. IBM 과학자들이 8년 동안 심혈을 기울여 만들었으며 초당 2억 번의 행마를 검토할 수 있다. 딥블루에는 과거 100년간 열린 주요 체스 대국 기보와 대가들의 스타일이 저장돼 있다.

당시 딥블루 시스템은 12수 앞을 내다볼 수 있는 예측 능력이 있었다. 그에 비해서 인간 플레이어들은 10수 앞을 내다보는 것이 고작이었다.

5명으로 출발한 프로젝트

당시 딥블루 프로젝트팀의 멤버는 모두 5명이었다. 중국인 과학자 슈펑슝이 설계를 담당한 딥블루는 약 2m의 높이에 무게 1.4t

으로, 32개의 마이크로프로세서에 각각 15개씩, 총 512개의 프로세서를 장착했으며, 140기가 플롭스의 연산 능력을 갖추고 있다. 슈퍼컴퓨터의 처리 속도는 보통 기가플롭스를 사용하는데, 1기가플롭스는 1초당 10회의 연산이 가능한 것을 의미한다.

1989년 체스 게임 용도로 개발하기 시작한 딥블루는 8년만인 1997년에 성공적으로 제작이 완료되었다.

인간과의 대국

딥블루가 현존하고 있는 체스 세계 챔피언과 처음 대국을 가진 때는 1996년 2월이었다. 대국 상대자는 11년째 세계 챔피언으로 체스계를 재패했던 러시아의 게리 카스파로프였다. 하지만 이 경기는 딥블루의 패배로 끝난다. 카스파로프가 3대 1(무승부 2)로 승리한 것이다.

이후 성능을 향상시켜 다시 도전한 1997년 5월 대국에서 드디어 딥블루가 승리하게 된다. 시간 제한이 있는 정식 체스 토너먼트에서 세계 챔피언이자 인간을 이긴 최초의 컴퓨터로 등극한 것이다. 이 날은 8년에 걸친 프로젝트가 완성된 날이기도 했다.

재대국은 없었다

딥블루의 개발 총 책임자인 쉬펑슝은 첫 대국에서 패배 당시 카스파로프는 마치 살아 있는 에베레스트산과 같았다며 결국 딥블루의 처리 속도가 종전보다 100배 이상 빨라져야 하고 종합적인 상황 평가 성능을 대폭 강화해야 인간을 이길 수 있다는 판단을 했다고 한다.

이후 게임에 진 카스파로프는 재경기를 원했지만 IBM은 이를 거부했고, 딥블루를 포기하게 된다. 카스파로프는 경기 당시 그도 이해할 수 없는 딥블루의 창의성과 학습능력을 보았다고 한다. 하지만 쉐평슝은 "딥블루는 창의성과 상상력을 지닌 인간의 지능을 가지고 있지는 않다."고 일축한 바 있다.

딥블루 vs 딥마인드

IBM의 딥블루와 구글의 딥마인드는 마치 형과 아우처럼 딥 자 돌림이다. 이름이 상당히 비슷하다는 것을 알 수 있는데, 딥블루라는 이름은 이 프로젝트팀에서 최초로 만든 컴퓨터의 이름인 '깊은 생각(Deep Thought)'에서 나왔다. 이 단어는 소설 '은하수를 여행하는 히치하이커를 위한 안내서'에 나오는 컴퓨터 이름이기도 했다. 여기에 IBM을 상징하는 색인 블루와 결합해서 딥블루라고 불려지게 되었다.

구글 딥마인드의 경우에는 2010년 하사비스가 세운 딥마인드 테크놀로지를 2014년 구글이 인수하면서 그대로 가져온 이름이다. 인수 당시에 테크인사이더라는 매체는 이 인수를 구글의 '황당한 인수 10개' 중 하나로 꼽기도 했다.

물론 하사비스가 딥블루를 의식해서 딥마인드라는 이름을 지은 것은 아닐 것이다. 다만 딥러닝(Deep Learning)과 인간의 마음인 마인드(mind)에서 따온 것은 아닌지 추측할 뿐이다. 딥러닝은 여러 데이터를 이용해서 컴퓨터가 마치 사람처럼 스스로 학습할 수 있도록 하는, 인공 신경망을 기반으로 한 기계 학습 기술이다.

딥러닝은 인간의 두뇌가 수많은 데이터 속에서 패턴을 발견한 뒤, 사물을 구분하는 정보처리 방식을 모방해서 컴퓨터가 사물을 분별하도록 기계를 학습시킨다. 딥러닝 기술을 적용하면 사람이 모든 판단 기준을 정해주지 않아도 컴퓨터가 스스로 인지, 추론, 판단할 수 있게 된다. 이 기술은 음성, 이미지 인식과 사진 분석 등에 광범위하게 활용된다.

그런 점에서 알파고도 딥러닝 기술에 기반한 컴퓨터 프로그램임을 알 수 있다. 수많은 기보의 패턴을 인식해서 스스로 학습을 하는 것이다. 결국 하사비스가 딥마인드라는 이름을 붙인 배경에는 이처럼 딥러닝 기술을 통해 인간의 마음을 구현하겠다는 의지가 담겨 있음을 알 수 있다.

체스 vs 바둑

IBM이 체스라면 구글은 바둑이었다. 그런데 여기에 아이러니가 있다. 하사비스 역시 체스 유스챔피언 2위를 한 체스 마스터라는 사실이다. 그랬던 그가 바둑을 선택한 이유가 무엇일까? 바둑이야말로 매우 아름답고 우아한 게임이라고 밝힌 그는 어느 인터뷰에서 "체스는 솔루션을 프로그래밍 할 수 있다. 우리는 학습 알고리즘에 관심을 두고 있는데 체스는 그 관심에 상응하는 흥미를 유발하지 않는다."는 이유를 들었다.

실제로 하사비스는 케임브리지 대학 재학 당시 바둑을 배웠는데 대학동문이자 훗날 알파고 게임 책임자인 데이비드 실버에게 바둑을 가르치기도 했다. 그러면서 그는 바둑을 컴퓨터로 두게 되면 어떨까라는 고민을 시작했다고 한다.

딥블루 vs 알파고

체스판 딥블루와 바둑판 알파고는 무엇이 다를까? 일단 모양부터가 다르다. 딥블루는 높이 2m에 무게 1.4t의 위용을 과시한다. 하지만 알파고는 형체가 없다. 클라우드 컴퓨터에서 구동되는 소프트웨어다.

그리고 딥블루는 체스 그랜드 마스터의 정보를 입력해서 모든 경우의 수를 검색한다. 반면 알파고는 정책망과 가치망을 통해 선별적인 검색을 하고 경우의 수를 줄여 나간다. 딥블루가 초당 2억 개의 경우의 수를 고려했다면 알파고는 고작 10만 개를 고려하는 셈이다. 그만큼 승리할 확률이 있는 수를 압축적으로 추려낼 수 있는 능력을 확보한 것이다. 바둑은 경우의 수가 무한에 가깝고 변칙이 존재한다. 아무리 초당 2억 건 이상을 계산하더라도 단순히 연산 능력만으로는 바둑에서 인간을 이길 수가 없다.

하지만 알파고는 딥러닝 기능을 통해 기보를 보며 스스로 학습할 수 있는 기능을 가졌다. 이 점이 딥블루와 가장 큰 차이라고 할 수 있다.

왓슨 vs 알파고

물론 이번 대국을 통해서 구글은 인공지능을 선도하는 기업으로 이미지 구축을 하였지만 이전에는 IBM이 그 자리를 차지하고 있었다. 사실 IBM이야말로 이 부문의 선발주자라고 할 수 있다.

IBM이 개발한 왓슨은 자연이 형식으로 된 질문들에 답할 수 있는 인공지능 컴퓨터 시스템이다. 딥블루처럼 왓슨도 2001년 2월 미국 ABC방송의 인기 퀴즈쇼 '제프디'에 출연하여 우승하면서 유명해졌다.

딥블루 개발자이자 왓슨 개발에도 참여한 캠벨 수석 연구원은 구글이 IBM을 따라오려면 수년이 걸릴 것이라고 내다봤다. 왜냐하면 구글의 경우 알파고를 선보인 것이 불과 최근의 일이지만 IBM이 개발한 왓슨의 경우 2014년부터 상용화되어 의료, 금융, 법률 등 다양한 분야에서 활용되고 있기 때문이다. 특히 캠벨 수석 연구원은 알파고와 달리 왓슨은 소리나 영상 등 비정형화된 데이터를 이해하고 분석할 수 있다는 점이 강점이라고 밝혔다.

IBM vs 구글

IBM의 딥블루가 고도의 마케팅 전략에서 나온 컴퓨터라는 말이 있다. 실제로 카스파로프와의 대국에서 승리한 후 'Game Over: Kasparov and the Machine'이라는 다큐멘터리가 나왔는데, 딥블루의 승리가 IBM의 마케팅 전략이었다는 내용이었다.

어쩌면 그 뒤로 나온 왓슨이 퀴즈쇼에서 역대 우승자를 꺾고 우승한 것도 이와 무관하지가 않다. 결국 IBM의 경우 1997년에 딥블루를 개발해 체스 세계 최고수를 꺾었고, 4년 뒤인 2011년에는 왓슨을 통해 역대 퀴즈왕을 누르는 등 인공지능 부문에서 승승장구했던 셈이다.

그러다 이번에 나온 구글의 알파고가 이세돌 9단을 꺾으면서 판도가 순식간에 뒤바뀐 것이다.

어쩌면 하사비스가 IBM의 마케팅 전략을 답습해 알파고를 내놓았는지도 모른다. 만약 그렇다면 IBM의 경우 그동안 자신이 해오던 방식으로 구글에게 똑같이 당한 셈이다.

딥블루를 넘어 딥마인드로

하지만 그렇다고 하더라도 하사비스에게 손가락질을 할 수는 없다. 그 방식이야말로 자사의 인공지능 기술을 알리는데 가장 효과적인 수단이었기 때문이다.

어쩌면 이미 13세 때 체스 챔피언에 오른 그로서는 체스에서 인간을 꺾은 딥블루를 보고 이렇게 마음 먹었는지도 모른다. "언젠가는 인간을 누른 저 딥블루를 꺾을 것이다."

당시 그는 22세의 나이로 케임브리지 대학에서 컴퓨터공학을 전공하고 있었다.

그가 인터뷰에서 밝힌 대로 "지금 알파고가 바둑 경기를 벌이

고 있는 이 상황은 우리에게 있어서 20년 간의 꿈을 이룬 것과 같
다.”라는 말을 결코 가볍게 들어서는 안 된다.

형님 에피소드

이세돌 9단과 알파고의 4국이 진행되는 동안 이세돌의 형이자 프로기사인 이상훈 씨는 "어제 짠 작전대로 진행되고 있다."는 말을 남겨 화제가 되었다. 즉 알파고에 큰 모양을 내주고 그 안에서 타개하는 작전을 펼칠 것을 주문했다는 것이다. 당시 4국의 경우 이세돌 9단이 3연패를 딛고 첫 승을 거둔 대국이다.

빅데이터를 요리하다

빅데이터 시대가 도래하다

최근 '빅데이터'가 화세다. 도대체 빅데이터란 무엇인가? 빅데이터는 데이터의 양이 너무 방대해서 이전의 방법이나 도구로 수집, 저장, 검색, 분석, 시각화 등이 어려운 정형 또는 비정형 데이터 세트를 의미한다.

그래서 빅데이터의 특징으로 3V를 들기도 한다. 데이터의 양(Volume), 데이터의 생성 속도(Velocity), 데이터의 다양성(Variety)이 그것이다. 즉 빅데이터는 과거에 비해 그 양이 방대하고 생성 주기도 짧으며 그 형태도 갈수록 복잡한 양상을 보이고 있다.

기업의 경우 빅데이터를 통해 고객의 행동을 미리 예측하고 생산성 향상과 비즈니스 혁신을 가능하게 한다는 점에서 의미가 있다.

하사비스는 빅데이터에 목마르다

하사비스의 입장에서는 인공지능 구현에 있어 빅데이터가 필수였을 것이다. 즉 사람도 공부를 통해 문제를 풀 수 있는 것처럼 인공지능도 가치 판단의 근거가 되는 데이터가 필요하기 때문이다. 아무리 성능 좋은 스포츠카도 연료가 없다면 고철 덩어리나 다름없는 것과 같은 이유이다.

이는 "빅데이터는 연필과 같다. 누구에게나 필요하고 어디에서나 쓰인다."라고 한 미국 스탠퍼드대 교수인 헥터 가르시아 몰리나의 말을 들어 보아도 그렇다.

알파고에도 빅데이터

그러다 보니 알파고에도 빅데이터가 들어갔는데, 3,000만 건이 넘는 바둑 기보 데이터가 그것이다. 알파고는 이 빅데이터를 토대로 딥러닝 강화학습을 통해 승패에 따른 가중치를 부여하면서 스스로 바둑을 배워 나갔다.

물론 하사비스가 단순히 알파고 때문에 구글을 선택한 것이 아닐 것이다. 하사비스의 꿈이 세계에서 바둑을 가장 잘 두는 컴퓨터 개발이 아니라면 말이다. 하사비스의 목적은 알파고처럼 방대한 양의 빅데이터를 학습해서 최적의 결과를 도출하는 프로그램인 것이다.

구글, 독감을 예언하다

빅데이터의 대표 주자는 구글이다. 여기 한 사례가 있다.

2013년 1월초 미국에서는 독감으로 인한 사망자가 100명을 넘어 섰다. 미국 질병 통계 예방 센터(CDC)에 따르면, 122개 도시의 사망자를 조사한 결과 전체 사망자 중 7.3%가 감기나 폐렴으로 숨졌으며, 이는 독감 유행 단계에 접어들었음을 의미한다는 것이다.

그런데 CDC가 발표한 독감 보고서보다 2주 먼저 독감 바이러스의 확산을 예측한 곳이 있었다. 구글의 '독감 트랜드'다. 구글이 처음으로 독감 트렌드를 분석해서 네이처지에 기고한 때는 2009년 2월로, 구글은 전 세계 구글 이용자가 검색한 키워드의 빈도를 파악해서 독감 유행 수준을 감지하는 방법을 활용했다. 키워드는 주로 독감과 관련된 '독감 증상', '독감 치료' 등으로, 전 세계 여러 국가와 지역에서 독감이 얼마나 유행하는지 예측할 수 있었다.

이 사례는 지금도 검색 키워드를 활용한 빅데이터 사례로 손꼽힌다.

지구상에 통역사가 사라질 날이 얼마남지 않았다

구글은 이외에도 번역에 빅데이터를 활용하고 있다. 단순히 단어와 단어를 번역하는 것으로 끝나지 않는다. 문장을 번역한 데이터를 모두 저장하고 이렇게 쌓인 빅데이터를 바탕으로 최상의 문장을 조합해서 보여준다.

그러다 보니 영불 번역보다 영한 번역의 정확도가 떨어진다. 그 이유는 영불 번역보다 영한 번역 데이터가 상대적으로 적기 때문이다. 그렇다고 걱정할 일은 아니다.

구글은 이미 딥러닝 실시간 번역으로 언어 장벽을 무너뜨리겠다는 포부를 밝힌 바 있다.

페이스북 감정을 조작하다

페이스북의 경우도 빅데이터 활용에 박차를 가하고 있다. 즉 사용자의 '좋아요' 숫자를 빅데이터와 연결해서 광고에 활용한다. 사용자가 평소 즐겨 찾아보는 동영상, 사진, 검색어 단어 등을 분석해 그의 취향에 맞는 광고를 노출하는 식이다. 결과적으로 타깃에 맞춘 광고 노출 전략을 통해 광고 효율을 극대화시킨다.

한 때 페이스북의 경우 소위 감정 조작 실험을 진행하여 큰 곤욕을 치른 적이 있다. 2012년 1월 11일부터 18일까지 1주일 동안 실시된 이 실험은 페이스북 이용자의 뉴스피드에 긍정적이거나

부정적인 감정을 담은 포스트를 인위적으로 조작해서 이용자가
어떤 반응을 보이는지 관찰한 실험이다.

당초 잘 알려져 있지 않던 이 실험은 페이스북 데이터 과학자
와 대학이 공동으로 작성한 '사회관계망을 통한 대규모 감정 전염
실험 연구'라는 논문을 발표하면서 세상에 드러났다.

빅데이터, 윤리를 묻다

이 논문에서 과학자들이 내린 결론은 '페이스북에서 표현한
감정이 다른 사람들에게 영향을 미친다.'라는 내용이었다. 즉 긍
정적인 포스트에 노출된 사람은 긍정적인 댓글이나 반응을 보이
고, 부정적인 포스트에 노출된 사람은 부정적으로 반응하였다

문제는 이 실험을 이용자가 잘 인지하지 못한 상태에서 진행
하였다는 점이다. 이용자들은 자신들이 실험쥐로 사용되었다는
것에 대해 불쾌한 반응을 보였고, 당시 페이스북 최고 운영 책임
자였던 셰릴 샌드버그가 "더 이상 이런 실험은 하지 않을 것"이라
고 사과하면서 문제는 일단락되었다.

이 실험은 특정한 의도를 가지고 인위적으로 여론을 조작할
수 있다는 점에서 당시 큰 사회적 반향을 불러일으켰다.

하사비스, 구글을 선택하다

사실 구글과 페이스북은 딥마인드를 놓고 인수 경쟁에 맞붙
은 것으로 잘 알려져 있다.

하사비스는 구글의 손을 들어 주었는데, 그 이유는 구글이 방
대한 검색 데이터 등 세계에서 가장 많은 빅데이터를 보유하고 있

는 기업이기 때문이다.

페이스북은 사람들의 감정이나 사회 관계망 빅데이터가 풍부하지만 검색에 기초한 구글의 빅데이터를 따라가기에는 턱없이 부족하다. 바로 이러한 점이 하사비스가 페이스북이 아닌 구글을 선택하는 이유가 되었을 것이다.

하사비스는 대국 후에 열린 세미나에서 전 세계적으로 영향을 주는 의료, 기후 등에 인공지능을 활용하겠다는 포부를 밝힌 바 있다. 구글 트랜드의 빅데이터를 활용한 독감 예측은 하사비스를 매료시키기에 충분했다.

구글, 빅데이터에 날개를 달다

구글 입장에서도 하사비스와 손을 잡은 것은 신의 한 수였다. 사실 빅데이터의 경우 그것을 유의미하게 분석할 수 있는 인공지능이 없다면 그저 데이터 더미에 불과한 것이다. 게다가 하사비스가 만든 알파고를 통해서 인공지능의 후발주자 이미지를 벗고 IBM을 제꼈으니 이보다 절묘한 수는 없을 것이다.

빅데이터를 요리하다

하사비스는 말하자면 제빵기계를 만드는 사람이다. 재료를 넣기만 하면 맛있는 빵을 즉석에서 내놓는 기계를 만든다. 이 기계는 어떤 재료를 넣느냐에 따라 전혀 다른 맛의 빵이 나온다. 하지만 재료가 들어가지 않는다면 아무런 소용이 없다. 기계를 놀릴 수밖에 없는 것이다. 설사 그 제빵 기계가 최고의 제빵 요리사보다 더 맛있는 빵을 만들 수 있더라도 말이다.

그런 점에서 하사비스가 구글의 손을 잡은 것은 현명한 선택으로 보인다. 구글이야말로 엄청난 양의 재료를 넣어줄 수 있는 소스원이기 때문이다. 하사비스는 제빵기계만 정교하게 만들면 된다. 재료를 아무리 뒤죽박죽 집어 넣어도 어느 제빵 요리사가 만든 것보다 빠르고 맛있게 빵을 만드는 제빵기계를 말이다.

이렇든 저렇든 손님인 우리는 인공지능이 만들어낸 맛있는 빵을 식탁에서 볼 날이 멀지 않았다.

체중 에피소드

모든 대국이 끝난 후 아내, 딸과 함께 제주도를 간 이세돌 9단은 대국 전보다 7kg이 빠졌다는 얘기를 했다. 그만큼 대국에 대한 긴장감이 체중 감소로 이어질 만큼 높았다는 것을 짐작할 수 있는 대목이다. 그도 그럴 것이 전 대국이 진행되는 동안 국민적 관심이 하늘을 찌를 정도로 높았으니 본인이 느끼는 압박감은 말로 표현하기 어려웠을 것이다.

알파고, 그 다음은?

한바탕 잔치가 끝났다

소위 알파고 신드롬이 불었고, 하사비스 역시 세기의 인물로 부각되었다. 짧은 만큼 아쉬움도 컸다. 게다가 알파고에게 인간 대표 이세돌 9단이 졌으니 인간의 입장에서 약간 독이 올랐다고 해야 할까? 게다가 세계 체스 챔피언을 꺾은 딥블루가 카스프로프의 재도전 제의를 거절하고 철수한 전력도 있지 않은가.

그래서 일각에서는 구글 딥마인드 챌린지 매치 2회 대회를 언급하기도 한다.

커제 vs 알파고?

실제로 하사비스는 자신의 페이스북을 통해 "커제, 준비됐나?"라는 글을 올렸는데, 중국 언론들은 알파고가 커제에게 도전장을 내민 것으로 간주하고 있다. 커제는 세계 랭킹 1위의 바둑기사다. 처음에 커제는 알파고와 대결할 의사가 없다고 밝혔으나, 알파고가 이세돌 9단을 이기자, 알파고의 실력을 인정하며, 구글로부터 정식 대결 요청은 없었지만 요청이 온다면 기꺼이 받아들일 것이라고 응수했다. 또 만약에 붙게 된다는 자신이 60%의 승률로 이길 수 있다고 자신감을 비추기까지 했다.

비단 중국 뿐만 아니라 일본에서도 알파고에 대한 관심이 뜨겁다. 일본 기원 사무국장인 호리 요시토도 최근 자신의 트위터를 통해 "이세돌이 졌지만 인류와 바둑 기사는 패배하지 않았다."며, "일본 바둑 1인자인 이야마 유타와 알파고와의 대결을 원한다."고 밝히기도 했다.

이제는 스타크래프트다

이 외에도 알파고와 전략 시뮬레이션 게임의 대결 가능성도 점쳐지고 있다. 바로 대한민국의 국민게임 '스타크래프트'다. 제프 딘 구글 머신러닝 총괄은 "데미스 하사비스 대표는 알파고와 DQN이 도전할 다음 분야로 스타크래프트를 고려하고 있다."고 깜짝 선언했다. 머지않아 딥마인드가 개발한 인공지능과 국내 정상급 프로게이머가 상금을 걸고 스타크래프트 경기를 펼치는 모습을 볼 수 있을지도 모른다. 이미 스타크래프트의 황제 임요환은 자신의 승리를 확신하며 대결을 벼르고 있는 모양새다.

알파고는 작은 발걸음

하지만 인공지능의 목적이 인간과의 게임 대결은 아닐 것이다.

하사비스는 대국이 끝난 후 구글 공식 블로그에 장문의 글을 올렸다.

그는 이번 대국을 "알파고의 승리는 AI 개발 역사의 중요한 이정표"라면서도 "아직은 똑똑한 기계를 만들기 위한 아주 작은 발걸음에 불과하다. 게임은 아직 끝나지 않았다."며 애초 목표한 진정한 인공지능이 나오려면 갈 길이 멀다는 의견을 밝혔다.

또한 "알파고의 공개 테스트는 바둑에서 승리 이상을 위한 것"이며, "2010년 딥마인드를 창업한 것은 스스로 학습하는 인공지능으로 기후변화에서 질병 진단에 이르기까지 사회의 대형 난제 해결을 돕는 범용 AI를 만들기 위해서였다."고 밝혔다.

인간, 도전하다

하사비스는 알파고의 첫 승 당시 '승리! 우리는 달에 착륙했다.'라는 글을 올린 바 있다.

어쩌면 우리는 1969년에 아폴로 11호가 달에 착륙했을때 그동안 미지의 영역이던 달을 정복했다고 오만을 떨었는지도 모른다. 고작 광활한 우주의 한 공간에 작은 점 하나 찍었다고 말이다. 하지만 그 이면에 큰 도전이 있었음은 물론이다.

그런 점에서 하사비스의 작은 발걸음이라는 표현 역시 의미하는 바가 크다. 그는 앞으로 어떤 과학적 난제가 숨어 있을지 모르지만 그 작은 발걸음을 시작으로 미래 인류의 역사에 도전할 것임을 시사하고 있다.

대국을 통해 배우다

하사비스는 이번 대국을 통해 깨우친 점 2가지를 '서울에서 알파고와 함께 배운 것'이란 제목의 글을 통해 밝혔다.

첫 번째는 인공지능으로 인간이 해결하지 못한 문제를 해결할 수 있는 가능성이다.

하사비스는 "알파고가 다른 문제를 해결할 수 있는 잠재력을 가졌다는 것이 드러났다."며, 알파고가 인간 바둑기사는 미처 생각하지 못한 수를 찾아 내는 등, 바둑판 전체를 바라보는 능력을 보여줬는데, 이는 사람이 이전에 배웠거나 생각하지 못했던 해결책을 찾을 수 있다는 가능성을 보여준 것이라고 말했다.

인간의 성취

두 번째는 '모든 것이 인간의 성취'라는 것이다.

하사비스는 "이번 대국이 인간과 기계가 맞서는 것으로 묘사됐지만, 알파고는 결국 사람의 창조물이다."라는 점을 명확히 했다. 즉 이번 대국에서 알파고가 승리를 거뒀지만 알파고 역시 인간이 만든 기술이라는 얘기다. 에릭 슈미츠 구글 회장 역시 대국 개회 전 밝힌 소감에서 "이번 대국은 누가 이기던 인류의 승리"라고 말했다.

또 하나의 가능성

특히 하사비스는 일파고와 이세돌 모두 이번 대국을 통해 실력이 향상됐다는 점을 강조했다. 그는 알파고가 2국에서 뒀던 37수와 이세돌 9단이 4국에서 둔 78수를 1만 번에 한 번 나올 수 있는 '명수'였다고 평가했다. 인간과 인공지능이 서로 대결하며 새로운 아이디어와 기회, 해결책을 찾도록 독려했다는 주장이다.

그는 "인간이 할 수 있는 지적 영역 전반에서 유연하게 행동할 수 있는 진정한 범용 AI까지 기계가 학습하려면 갈 길이 멀다."며, "미래의 다른 도전에도 이 기술을 적용하길 희망한다."고 덧붙였다.

인공지능이 인간을 고치다

실제로 하사비스는 현재 알파고와 DQN에 적용된 인공신경망 기술을 활용한 차세대 인공지능 '딥마인드 헬스'를 준비하고 있다. 딥마인드 헬스는 기계에서 수집된 의료 데이터를 바탕으로

의사를 대신해 사람의 몸 속 질병을 찾아주는 인공지능이다. 이미 앱을 통해 개인의 헬스 데이터를 제공받고 이를 분석해서 추후 건강 상황이 어떻게 변화할지 예측해 주는 '스트림'이라는 서비스를 제공하고 있다.

일기예보

또 기후 예측에도 도전한다. 전 세계의 기상 변화 데이터를 수집한 후 이 데이터를 바탕으로 지구의 환경이 향후 어떻게 변할지 예측해 주는 인공지능을 개발하겠다는 것이다.

이렇게 되면 단순히 오늘은 우산을 준비하고 나가야겠다 정도의 효용만 주는 것이 아니라, 수많은 인명과 재산 피해를 주는 태풍이나 지진을 예고하여 피해를 줄이고, 지구 온난화와 같은 문제를 해결하는 등, 빅데이터를 활용한 인공지능의 역할이 갈수록 커질 것이다.

실제로 하사비스는 DQN과 알파고를 개발하면서 얻은 노하우를 차세대 인공지능 개발에 고스란히 적용하겠다는 생각을 밝힌 바 있다.

하사비스, 길을 닦다

혹자는 알파고가 고작 인간을 한번 이긴 것이 대수냐며 가볍게 넘기기도 할 것이다. 하지만 이번 대국은 엄밀히 보면 하사비스의 승리이자, 인공지능의 승리다.

인류를 발전시키는 것이 비단 인공지능뿐만은 아닐 것이다. 건축, 산업, 금속, 철강 등, 공학부터 시작해서 인문, 행정에 이르기까지 어느 부문 하나 빠질 수 없다.

하지만 이번 대국을 통해 인공지능 부문이 새롭게 조명받는 계기가 되었다. 한마디로 전 세계적 스포트라이트를 받은 것이다. 정부를 포함한 각계에서 인공지능에 대한 지원 등을 면밀히 검토하고 있으며, 인공지능의 윤리 문제 등 다양한 의제에 대해서도 활발한 논의가 진행되고 있다.

하사비스를 인공지능의 아버지라고 하기에는 부족하지만, 분명 인공지능이 나아갈 길을 닦아주었다는 사실은 명백해 보인다.

*"This is hybrid. All the great advances
will come when two worlds merge."*

제3부

알파고처럼 생각하고
하사비스처럼 실행하라

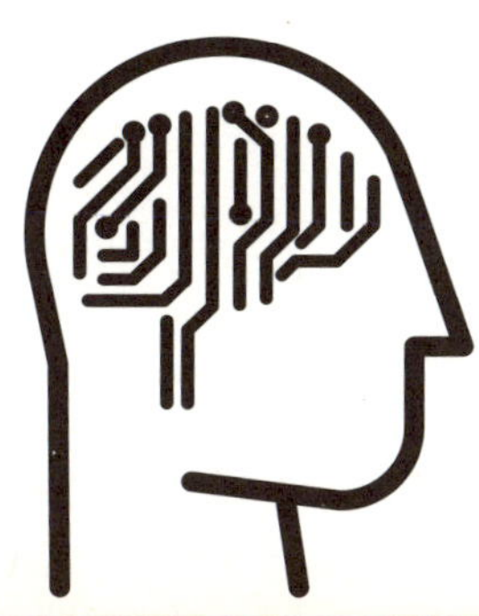

목적에 나를 맡겨라

목적과 수단

우리는 흔히 목적과 수단이라는 말을 같이 쓴다. 이는 관용 표현으로 목적을 이루기 위해 수단 방법을 가리지 않는다는 의미로 자주 쓰인다. 물론 안 좋은 의미다. 목적 달성을 위해 다른 가치를 희생시킬 때 안 좋은 의미는 배가 된다. 특히 목적은 인간관계에 쓰일 때 더 나쁘게 변질된다. 순수한 마음으로 만나는 것이 아닌, 목적을 가지고 만나는 것을 우리는 경계한다. 무언가 불순한 의도를 숨기고 만나는 것은 아닌지 의심하는 것이다.

하사비스의 목적

하지만 하사비스의 경우는 다르다. 하시비스는 전 생애를 통틀어 한가지 목적만을 품고 산 사람이다. 바로 사람처럼 생각하고 자발적으로 배우는 일반 인공지능(Artificial General Intelligence, AGI) 구현이 목적이었다. 그 믿음은 20년치 로드맵까지 세워 놓을 정도로 굳건하다.

그런데 그는 왜 꿈이라고 하지 않고 목적이라고 하는 것일까? 그것은 그가 자신의 목적을 이루기 위해 삶의 모든 과정을 수단화한 점을 강조하기 위해서다. 즉 그는 자신의 목적이 이끄는 데로 자신의 온 몸을 던져 살았다.

꿈은 그저 꿈으로서 완성되는 것이다. 그래서 무언가가 되고자 꿈을 꾼다는 것은 꿈꾸는 자체만으로 아름다우며, 꿈은 꿈꾸는 자의 몫이라고 하지 않았는가! 하지만 무엇이 목적이다라는 말은 지극히 현실적이다. 그런 목적이 있으면 응당 수단이 뒤따르기 마련이다. 그 목적을 달성하기 위해 때론 희생도 해야 할 것이며, 또 수많은 도전도 필요할 것이다. 그런 점에서 하사비스는 자신의 목적이 이끄는 데로 자신을 길고 닦은 사람이라고 할 수 있다.

인공지능을 위해 게임에 첫발을 내딛다

하사비스는 어린 시절 체스와 함께 컴퓨터를 끼고 살면서 인공지능에 대한 꿈을 가지게 된다. 그리고 그 꿈을 달성하기 위한 첫걸음으로 게임 개발사에 취직하게 된다. 세계 랭킹 2위인 체스 챔피언 자리도 내려놓고 말이다.

그가 인공지능을 위한 첫 관문으로 게임을 택한 이유는 크게 두 가지다.

첫째는 그 자신이 지독한 게임광이었기 때문이다. 체스도 엄밀히 보면 게임이다. 그리고 그 자신이 밀했듯이 하사비스는 비단 체스뿐만 아니라 보드게임이나 컴퓨터 게임에도 열중했다.

둘째는 게임이야말로 가장 창의적인 작업이고 인공지능이 도전해야 할 과제로 생각했기 때문이다. 게임은 어떻게 게임을 진행

하느냐에 따라 결과가 달라지는 것이 특징이다. 게임을 시작하는 순간 온갖 변수로 가득 찬다. 그렇기 때문에 미리 프로그래밍 할 수도 없다. 그만큼 수많은 경우의 수가 도사리고 있기 때문이다, 결국 그것이 인공지능이 넘어야 할 산이기도 하다.

그래서 그는 게임이야말로 인공지능이라는 궁극의 목적을 달성하기 위해 공략해야 할 대상으로 보게 된다.

부족함을 학교에서 구하다

그렇게 게임 개발사로 들어간 하사비스는 실제로 오늘날 알파고의 기본 틀이라고 할 NPC에 매료되기 시작한다. 하지만 책으로만 공부하기에는 인공지능 개발에 한계를 느끼게 된 하사비스는 전문적인 컴퓨터 공부를 위해 대학교에 진학하게 된다. 그는 단순히 컴퓨터를 배우고자 한 것이 아니라, 수많은 컴퓨터 분야 중 인공지능과 관련된 부문을 집중적으로 파기 시작한다.

하사비스는 인공지능에 도움이 될 만한 과목을 전공하면서 관련 논문도 찾아보게 되는데, 당시만 해도 인공지능에 관련된 학문은 아주 생소한 분야였다. 하사비스가 딥마인드를 차리고 스타트업을 위해 처음 기업 IR을 할 때, 투자자들에게 인공지능이라는 말을 꺼내자, 다들 고개를 갸웃거리며 허무맹랑하다는 반응을 보였다고 한다. 불과 몇 년 전에도 그와 같은 반응이 나왔는데, 인공지능이라는 단어조차도 확립되지 않았던 수십 년 전에는 어떠했을까?

하사비스는 이미 나온 지식을 배우는 것이 아니라, 스스로 찾아 나서야 했으며, 새로운 개념을 세워 나가야 했다. 인공지능에 대한 그의 신념이 아니었다면 결코 견뎌내기 어려운 일이었을 것이다.

또 하나의 벽, 뇌과학

그리고 대학을 졸업하고 나서는 그동안 대학교에서 배운 지식을 개발에 적용할 요량으로 게임회사에 들어가게 된다. 하바시스는 그곳에서 예전에 다닌 회사에서 개발한 게임보다 인공지능에 더 가까운 게임을 개발하게 된다. 대학 시절 몇 날 밤을 새며 공부했던 지식이 발현되는 순간으로, 대학에 진학한 그의 노력이 빛을 보게 된다.

하지만 그는 또다시 컴퓨터공학 지식만으로는 한계를 느끼게 된다. 마치 그가 체스를 그만두고 게임 개발사로 들어와서 느꼈던 컴퓨터 지식에 대한 벽과도 같은 것이었다.

뇌를 이해하지 않고는 인공지능에 다가설 수 없다고 생각한 하사비스는 다시 유니버시티 칼리지 런던에 들어가서 뇌 인지 과학을 배우게 된다.

인간의 뇌를 흉내내다

그는 단지 뇌를 단순히 학문적 호기심에서 배우려고 한 것이 아니었다. 뇌의 인지 메커니즘 분석을 통한 인공지능의 원리를 구하기 위한 목적을 가지고 있었던 것이다.

그는 이곳에서 사람이 눈으로 바라본 것을 뇌에서 인식하는 것처럼, 컴퓨터가 이미지를 인지하고 데이터 형태로 처리하는 과정을 연구했다. 이는 훗날 알파고에 적용한 컨볼루션 신경망 구현의 기초가 된다.

더불어 기억과 상상의 연관성을 규명하여 인지 신경 과학 박사 학위를 받게 되는데, 그가 쓴 논문은 사이언스가 꼽은 획기적인 연구 성과로 손꼽혔다. 이처럼 그는 뇌 인지 과학을 공부하면서도 인공지능을 구현하겠다는 목적을 한시도 잊지 않았다.

알파고 신경망과 하사비스의 신념망

그것은 마치 오늘날 알파고의 정책망과 같은 신념이라고 할 수 있다. 알파고의 정책망은 돌을 어디에 둬야 할지 결정하는 신경망이다. 하사비스는 전문 바둑기사의 과거 기보를 통해, 3,000만 가지의 바둑판 상태를 추출해서 데이터로 사용했다. 프로 바둑

기사들의 착수 전략을 최대한 모방할 수 있도록 한 것이다. 이를 바탕으로 12계층으로 된 첫번째 인공 신경망을 완성한다. 또한 여기서 더 나아가 기존 정책망과 새로운 정책망과의 가상 대국을 통해 승률이 높은 경우를 추려내고, 낮은 경우는 제외했다. 이런 식으로 딥블루가 2억 개의 경우의 수를 고려했다면 알파고는 고작 10만 개를 고려한다. 그만큼 정책망을 통해 승리할 확률이 있는 수를 압축적으로 추려낼 수 있는 능력을 확보한 것이다.

인공지능만 추리다

하사비스의 인공지능에 대한 신념을 그가 만든 정책망과 비교하는 이유는 한가지다. 컴퓨터 공학이나 뇌 과학 모두 복잡한 학문 분야이다. 그가 단지 학문적 호기심으로 인공지능에 접근했다면 끝이 없는 깊이에 학을 떼었을 것이다. 그런데 그는 인공지능 구현이라는 확고한 목적이 있었다. 그 목적을 달성하기 위해 필요한 부분만을 공부했다. 정확한 목적의식을 가지고 연구에 임한 것이다. 마치 알파고의 정책망처럼 필터링을 통해 인공지능에 필요한 부분만을 간추렸다. 그 결과 비교적 짧은 기간에 인공지능에 더 가까이 다가설 수 있는 컨볼루션 신경망에 대한 지식을 쌓게 된다. 사이언스지의 우수 성과에 선정된 것은 이에 따르는 부수적인 성과일 뿐이다.

구슬도 서말이라도 꿰어야 보배

옛말에 구슬이 서말이라도 꿰어야 보배라는 말이 있다. 아무리 좋은 것이 많아도 그것을 쓸모 있게 다듬고 정리해야 가치가 있다는 말이다. 예전부터 컴퓨터 공학이나 뇌 인지 과학 분야에서 유명한 학자는 많다. 또 게임개발자로서 이름을 남긴 사람도 수두룩하다. 하지만 오늘날 인공지능의 대가, 알파고의 아버지라고 꼽히는 사람은 누구인가? 바로 하사비스다.

인공지능이라는 줄에 체스를 통한 게임이론, 현장에서 배운 게임 개발 지식, 그리고 학교에서 연구한 컴퓨터 공학과 뇌 과학 지식을 꿰었기에 오늘날 알파고라는 인공지능이 세상에 나온 것이다. 또한 각 구슬은 하사비스의 피와 땀의 결정체라고 할 수 있다. 마치 조개 속에서 만들어지는 진주와 같은 것이다.

오늘날 하사비스가 만든 이 목걸이는 결국 우리 인류의 목에 걸릴 가치 있는 보석이다. 그가 밝혔듯이 이 인공지능 기술은 우리 인류를 한 단계 진보시켜 줄 것이다.

하사비스 vs 이세돌 9단

하사비스는 1976년생이고, 이세돌 9단은 1983년생이다. 나이로는 하사비스가 7살 많다.

가족관계를 보면 하사비스에게는 아들 둘이 있고, 이세돌 9단은 딸 하나를 두고 있다.

하사비스와 이세돌의 가장 큰 공통점은 두 사람 모두 동서양의 전통 두뇌게임인 체스와 바둑의 전문 기사였다는 점이다. 하사비스의 경우에는 13살이라는 나이에 세계 체스 챔피언 청소년 부문 2위까지 올라간 전력이 있으며, 이세돌 9단은 12살에 프로 바둑에 입문해서 현재도 활동 중에 있다.

하지만 이 둘의 미래는 15살을 기점으로 해서 갈리게 된다. 하사비스는 남들보다 2년 빠른 15살에 고등학교를 졸업하고 게임 개발에 뛰어들지만, 이세돌 9단은 묵묵히 바둑의 길을 계속 가게 된다.

이세돌 9단은 2000년에 32연승을 기록, 최우수 기사상을 수상하면서 21세기를 대표하는 바둑기사로 성장하는데, 이는 하사비스가 당시 오늘날 갓게임으로 통하는 블랙 앤 화이트를 개발하면서 체스 선수가 아닌 게임 개발자로서 정점을 찍은 것과는 대조적이다.

내가 가는 곳이 길이다

냄비 안의 개구리

하사비스의 삶은 도전의 삶이라고 할 수 있다. 도전의 정의는 정면으로 맞서 싸운다는 것을 의미한다. 도전의 반대는 아마도 안주하는 삶일 것이다. 안주한다는 것은 현재의 여건에 만족하며 더 이상 나아가지 않는 것이다.

그래서 우리는 현실에 안주하는 삶을 냄비 안의 개구리와 빗대어 말하기도 한다. 이것은 실제 실험에서 나온 결과이다. 냄비 안에 개구리와 물을 넣고 서서히 끓이는데, 이 때 센 불로 끓이는 것이 아니라, 아주 약한 불로 냄비를 달구게 되면, 개구리가 좋아한다고 한다. 적당히 따뜻한 물이 좋은 것이다. 그런데 워낙 약한 불로 끓이다 보니 개구리는 온도의 변화를 느끼지 못한다. 서서히 물의 온도가 올라가고 있음에도 그 속도가 느리다 보니 자신의 몸이 삶아지고 있는지 모르는 것이다. 그래서 결국 개구리는 냄비 안에서 온 몸이 익어 죽게 된다.

냄비 안에 우리도 있다

어떻게 보면 정말 미련하지 않을 수가 없다. 아무리 물의 온도가 서서히 오른다고 해도 자신의 몸이 삶아지고 있는지를 모른다는 것이 말이 되는가! 하지만 이것은 비단 개구리에게만 국한된 일이 아니다. 사람들도 그와 같은 모습을 보인다.

여기 어느 직장인이 있다고 하자. 매일 격무에 시달리며 상사의 포악질도 견뎌내야 한다. 매일 똑같은 시간에 일어나서 지하철을 타고 회사에 출근한다. 하루종일 창문 밖도 내다보지 못한 채 컴퓨터 앞에 앉아서 문서 작업에 매달려야 한다. 또 시도 때도 없이 하는 회의에 개인 시간은 주어지지도 않는다. 그나마 점심 시간에 삼산 회사를 나와 비깔 공기를 쐬는 것이 전부다. 그러다 퇴근 시간이 한참 지나서야 일을 마치고 비로소 피곤한 몸을 이끌고 퇴근하게 된다. 이것이 일반 직장인들의 무한 반복되는 일상이다.

물론 직장인 자신도 이러한 생활이 못 견디게 싫지만, 그나마 한 달에 한번 손에 들어오는 월급 명세표를 받기 위해 다시 아무렇지 않은 듯 같은 일상을 반복하게 된다. 회사에서 짤리거나 회사가 망하게 되는 상황은 생각지도 않는다. 그나마 이렇게 월급이라도 받는 것을 다행이라 생각하며 이런 날이 영원할 거라고 믿는다. 그러다가 회사에서 짤리거나 회사가 망하기라도 하면 아무런 준비도 없는 상태에서 살얼음판 같은 세상에 내던져지게 된다. 그러면 보통 자신의 준비성을 탓하지 않고 세상을 탓하면서 모든 것을 불운으로 돌린다.

체스를 버리다

하사비스는 13세 때 체스 챔피언이 된다. 우리나라에서 이 정
도면 금세기 몇 안 되는 영재라며 언론의 집중 조명을 받았을 것
이다. TV 광고 모델로도 몇 번은 나왔을 것으로, 특히 어린이들을
대상으로 하는 머리 좋아지는 DHA 우유 광고 모델로 제격이었
을 것이다. 아니면 무슨 무슨 학습지 모델로 등장했을 수도 있다.

그 정도 되면 향후 우리나라를 빛낼 체스 선수가 될 거라며 미
디어들도 앞다투어 마이크를 들이댔을 것이다. 행여라도 아이가
체스가 아닌 다른 것에 눈을 돌리면 엉뚱한 길로 간다고 나무라
거나, 아까운 영재를 버렸다며 이런저런 훈수를 뒀을지도 모른다.
그래서 여론이나 언론의 등쌀에 밀려 오직 체스에만 몰두하는 아
이가 되었을 수도 있다.

가정에서도 마찬가지다. 부모나 형제, 주위 사람들이 따뜻한
충고라며 아이를 불러세워놓고 네 적성은 체스니 오직 체스에 집
중하면 성공할 거라는 말로 아이의 시야를 좁혀 놓았을 것이다.
이게 다 네 장래를 위한 것이라는 말도 덧붙이면서 말이다. 아울
러 그것이야말로 부모나 형제의 기대를 실망시키지 않는 옳은 길
이라고 단정짓듯 말하지 않았을까?

냄비에서 뛰어나오다

그런데 하사비스는 마치 냄비 속의 개구리가 점프하듯 체스
의 세계를 박차고 나오게 된다. 그리고는 돌연 15살 어린 나이에
취업을 하게 된다. 이것은 촉망 받던 육상 선수가 다리를 다쳐 꿈
을 접는 것과는 전혀 다른 문제다. 또 집안이 찢어지게 가난해서

생계를 위한 목적으로 취업 전선에 나가야 하는 것도 아니었다. 이것은 드라마에서 흔히 볼 수 있는 시놉시스가 아니다. 어렸을 때부터 체스와 함께 관심을 가졌던 그 게임을 위해 체스를 버린 것이다. 마치 새로운 것을 쥐기 위해서 현재 손에 쥐고 있는 것을 내려놓은 것처럼 말이다.

정상에서 다시 길로 내려오다

대부분의 사람들은 어느 정도 정상에 서면 그 위치를 지키기 위해 고군분투하기 마련이다. 행여 도전자가 자기 자리를 차지할까 봐 올라오는 사람을 발로 밀어내기까지 한다. 또 응당 그래야 한다고 믿는다. 그렇게 하지 않으면 그토록 힘들게 올라온 영광을 자리를 얼마 누리지 못하고 빼앗기게 된다고 생각한다. 억만 년 살 것도 아닌데, 그 자리를 지키기 위해 소소한 행복들을 쉽게 포기하지만, 결국 사람은 죽음을 맞게 되며, 언젠가는 자신의 능력보다 더 나은 사람이 나오기 마련이다. 그럼에도 그 허상을 놓치지 않기 위해 끔찍히도 노력한다.

그에 비하면 하사비스는 스스로 내려오는 길을 택했다. 내려온 이유는 단 하나다. 정상에서 또 다른 정상을 본 것이다. 바로 그건 게임이라는 정상이다. 체스라는 정상에서 내려와 게임이라는 정상에 도전하기 위해 그는 과감히 체스의 정상에서 내려오게 된다.

촉망 받는 게임 개발자에서 다시 학교로 향하다

이러한 기행은 첫 직장인 불프로그를 나와서도 계속된다. 불

프로그에서 게임 AI 디자이너로 승승장구하던 그였다. 그가 참여한 신디게이트나 테마파크는 연일 대박 행진이었다. 체스 챔피언에서 촉망받는 게임 전문 개발자로 성공적인 데뷔를 한 것이다. 이 정도 되면 고액 연봉의 게임 개발자가 되는 것은 시간 문제로, 게임 개발자로서의 커리어만 차곡차곡 쌓아 놓으면 성공적인 삶이 보장된다.

그런데 그는 불프로그를 박차고 나와 다시 대학교로 들어갔다. 개발 현장에서 느낀 컴퓨터 공학에 대한 갈증 때문이었다. 대학교에 들어가서 좀 더 심층적으로 컴퓨터 공학을 배우고자 학업의 길을 택한 것이다.

통상 같이 직장을 다니는 동료가 회사를 포기하고 다시 학교를 다니겠다고 한다면 주위의 반응이 어떻겠는가? 그것도 회사에서 촉망받는 동료가 말이다. 보통은 회사에 적을 두고 학교를 다니는 방법을 모색해 보라고 충고하거나 그것이 힘들다면 경력 관리를 위해 회사를 계속 다니는 것이 더 낫다고 만류했을 것이다. 그런데 하사비스는 이번에도 게임 개발자로서의 명성을 내려놓고 또 다른 정상에 도전하기 위해 내려오는 길을 택했다.

게임 개발자에서 창업으로

그렇게 학업을 마친 하사비스는 예전에 다녔던 회사의 대표이자 멘토인 피터 몰리뉴가 있는 라이온헤드 스튜디오에 입사하게 된다. 마치 대학에서 배운 김퓨디 공학에 대한 지식을 시험해 보기라도 할 것처럼 말이다.

그곳에서 그는 갓게임으로 통하는 블랙&화이트라는 대작을 개발해서 흥행에 성공하게 된다. 이것은 이전에 개발한 신디케이트나 테마파크의 몇 배에 해당하는 흥행 기록이다. 이 정도 되면 완벽한 게임 개발자로의 모습이 그려진다. 유수의 대학에서 컴퓨터 공학을 전공하고 그 지식을 토대로 대박 게임 개발까지 해냈으니 이보다 완벽한 그림이 어디 있겠는가.

그런데 그는 여기서 창업을 결심하게 된다. 비디오 게임에 눈을 돌린 것이다. 스승이자 멘토인 피터 몰리뉴의 품에서 벗어나 스스로 창업의 길에 나선다. 안전한 둥지를 버리고 끝이 안 보이는 허공 속으로 날아오른 것이다. 그곳에서 그는 '리퍼블릭 : 더 레볼루션'과 악당 보스가 되어 비밀기지를 세우고 세계를 정복한다는 '이블 지니어스'를 개발해서 세상에 내놓는다. 이 게임들 역시 게임 마니아들 사이에서 역작으로 통할만큼 인기를 누리게 된다.

다시 뇌과학으로 전환하다

게임 회사의 CEO로서 승승장구할 것 같던 하사비스는 이번에도 회사를 때려치운다. 이유는 크게 두가지였다.

첫 번째 이유는 더 이상 혁신을 할 수 없다는 점이었다. 대형 게임 개발사들 사이에서 조그만 규모의 신생 회사가 혁신을 계속해 나가기가 힘들다는 계산이었다. 어떻게 보면 이것은 우리나라의 기업 현실과도 굉장히 닮아 있다. 대기업들의 틈바구니 속에서 중소기업이 설 수 있는 환경은 열악할 수밖에 없다. 그런데 하사비스의 머리 속에는 단순히 돈을 많이 버느냐 적게 버느냐는 개념은 들어 있지 않다. 그는 다만 더 이상 혁신을 할 수 없는 자신의 상황만을 놓고 결단을 내렸다. 즉 설사 돈을 많이 번다고 하더라도 더 이상의 혁신을 하지 못한다면 안 하는 것이 낫다는 지론을 펼친 것이다.

두 번째는 평소 관심을 가졌던 인공지능을 개발하기 위해서는 뇌에 대한 이해가 필요하다는 이유에서였다. 그래서 그는 뇌인지 과학을 배우기 위해 대학원을 가는 길을 택하게 된다.

뇌과학 정상을 찍고 또다시 내려오다

이렇게 대학원에 진학한 그는 여기서도 사고를 치게 된다. '기억과 상상은 뇌의 같은 부위에서 일어난다'는 논문으로 상을 받게 된 것이다. 기억과 상상의 영역이 결코 다르지 않다는 결론도 놀랍지만, 늦깎이로 뇌과학을 전공한 그가 그런 업적을 낸 것은 더

욱 놀랄 일이었다. 이제는 컴퓨터 공학의 대가에서 뇌 과학의 대
가로 성장할 수 있는 발판을 만든 것이다. 이만하면 대학에 눌러
앉아 뇌 과학 교수의 길로 가도 될 판이었다. 선망받는 직업에 안
정적인 보수는 예정된 것처럼 보였다.

그런데 그는 여기에서도 다시 내려왔다. 지금까지 배운 컴퓨
터 공학과 뇌 과학을 토대로 오래전부터 해보고 싶었던 인공지능
에 도전하기 위해 딥마인드라는 회사를 세운 것이다.

한국 바둑에 도전장을 내밀다

거기서 그는 구글에 인수될 때까지 오늘날의 알파고를 개발
하게 된다. 그리고 2016년 3월, 한국 대표 바둑기사인 이세돌 9단
에게 도전장을 내밀었다. 마치 그동안의 모든 도전을 통틀어 정점
을 찍듯이 말이다. 이와 같은 도전은 하사비스가 그동안 수많은
도전을 해왔기에 가능한 것이었다. 게임 개발자에서 컴퓨터 공학
자로, 컴퓨터 공학자에서 게임 개발 회사 대표로, 회사 대표에서
뇌 과학자가 되기까지 그는 늘 새로운 도전을 했다. 한국 바둑 고
수를 향한 그의 도전은 사실 그가 쌓아올린 도전의 최고봉이다.

결국 수많은 도전을 통해 만들어낸 알파고는 이세돌 9단을 꺾
고 인공지능의 한 획을 그었다. 데미스 하사비스야말로 세기의 도
전자라고 칭해도 손색이 없는 결과였다.

위인은 만들어진다

호사가들은 만일 이세돌 9단이 하사비스처럼 15살에 다른 선택을 했다면 어땠을까라는 질문을 던지기도 한다. 그 질문의 이면에는 우리나라와 같은 학력 사회에서 바둑기사라는 타이틀을 내려놓고 취업 전선에 뛰어든다면 과연 하사비스와 같은 인물이 탄생할 수 있을까 하는 의구심이 깔려 있다.

이는 인기리에 방영되었던 미생이라는 드라마를 떠올리게 하는데, '미생'은 어린 나이에 바둑계에 발을 들여놓았던 주인공 장그래가 취업 전선에 뛰어들면서 비정규 계약직으로 사회적 차별을 극복해 나가는 내용을 그리고 있다.

위대한 인물은 탄생하는 것이 아니라 만들어지는 것이라면 그가 속한 사회, 문화적 환경이 중요하다고 할 수 있다.

위인은 만들어진다

배움으로 점프하라

하사비스는 님들보다 2년 빠른 15세의 나이에 고등학교를 졸업한다. 말이 15세이지 15세면 우리나라 기준으로 중학교 3학년이다. 그는 고등학교를 초우등으로 졸업한다.

그리고 4~5년 동안, 게임 개발사에서 일하다가 돌연 캠브리지 대학 컴퓨터 공학과에 입학한다. 여기서도 최우등 등급인 S-레벨로 졸업한 그는 잠시 스승이 있는 라이온헤드 게임 개발사에 다시 취업한다.

그리고 엘릭서 스튜디오라는 비디오 게임 개발사를 창업했다가 몇 년 지나서 폐업을 하게 된다. 대형 게임사 틈바구니에서 혁신을 계속해 나갈 수 없다는 이유였다.

회사 문을 닫은 후 그는 유니버시티 칼리지 런던에 들어가서 뇌 인지 과학을 전공하게 된다. 그리고 이곳을 졸업한 그는 마침내 딥마인드 회사를 차리게 된다. 이 외에도 하버드 대학과 MIT 대학에서 '박사 후 과정'을 밟게 된다.

그가 살아온 과정을 보면 오늘을 알 수 있다

하사비스의 교육 과정을 보면 알파고를 만든 것이 당연한 일인 것처럼 보인다. 처음에는 컴퓨터 공학을, 그리고 다음으로 뇌인지 과학을 전공한 것이다. 이 둘을 결합한 산출물이 알파고라고 할 수 있다.

마치 우리가 산을 오를 때 정상에 도착하기 전까지 지나가야 할 Way Point를 정확히 밟은 것처럼 말이다. 살아온 과정을 보면 오늘날 현재를 알 수 있다는 것이 최소한 그에게는 정확히 들어맞는 것 같다. 마치 고도로 계산된 것이거나 이미 예정되어 있는 일처럼 그는 정확하게 해야 할 일을 한 것이다.

몇 수를 내다보다

이것은 마치 바둑으로 보면 몇 수를 내다보고 수를 두는 것과 같다. 인공지능이라는 대마를 잡기 위해 돌 하나 하나를 바둑판 위에 내려놓은 것이다. 당장의 한 수는 범인들이 보기에 다소 황당하게 보이기까지 한다. 전혀 엉뚱한 곳에 돌을 놓는 것처럼 말이다. 그가 컴퓨터 공학이나 뇌 과학을 배우겠다고 잘 나가는 회사를 갑자기 두 번이나 때려치웠다는 것이 이해가 되는가?

우리는 결국 그가 인공지능이라는 대마를 잡고 잡은 돌을 손에 거머쥐었을 때 비로소 깨닫게 된다. 그가 그동안 내려놓은 돌들이 처음부터 정확히 인공지능 하나를 목표로 하고 있었다는 것을 말이다.

위대함은 평범한 원칙에서 나온다

어쩌면 이런 것은 하사비스에게만 국한된 일이 아닌 것처럼 보인다. 우리가 위인이라고 부르는 사람들에게서도 이런 면을 많이 보게 된다. 위대한 발견과 아이디어는 하루 아침에 나오는 것이 아니다. 객관적으로 보면 전혀 엉뚱하게 보이는 여러 과정들 뒤에서 그들은 조용히 자신의 목표를 향해 움직인다. 마치 세상 사람들에게 놀라움을 선사하기 위한 일을 꾸미듯 그들의 발걸음은 사뭇 은밀하고도 조용하다.

그리고 마침내 숨겨진 그들의 목적이 세상에 드러났을 때 우리는 그저 놀랍고 신기해 할 뿐이다. 우리가 할 수 있는 일은 그저 그들을 천재로 인정하고 그들이 만든 세상을 즐기는 것일까?

그들은 천재이기 이전에 자신의 목표를 달성하기 위해 해야 할 일이 무엇인지 알고 그것을 정확하게 실천한 사람일 뿐이다. 우리가 생각하는 위대함은 그처럼 평범한 원칙 속에 있다.

20대, 30대 초반을 대학에서 보내다

하사비스는 오늘날 알파고를 만들기까지 자신에게 무엇이 부족한지를 파악하고, 어떻게 그것을 채워야 하는지를 정확히 알고 있었다. 인공지능의 '인공적인' 부분을 이해하기 위해 컴퓨터 공학을, 그리고 '지능적인' 부분을 이해하기 위해 뇌 과학을 배운 것이다.

단지 해당 분야의 책을 몇 권 서점에서 구입해 보는 것으로 끝내지 않았다. 대학으로 들어가서 전공 수업을 들으며 수많은 논문, 그리고 엄청난 리포트와 시험 압박에 시달리며 제대로 배운 것이다. 그는 20대와 30대 초반을 대학교에서 보냈다.

정확한 목표 의식과 의지가 없다면 불가능한 일이다. 그가 터득한 학문의 깊이는 단순히 책 몇 권 읽는다고 나오는 것이 아니라는 것을 알 수 있는 대목이다.

징검다리와 계단

하사비스의 이러한 과정은 마치 징검다리를 건너는 것과 비슷해 보인다. 개울을 건너기 위해 이쪽 돌에서 저쪽 돌로 점프하며 나아가는 것이다. 그러기 위해서는 옆을 돌아보거나 방심해서는 안 된다. 정확히 내가 뛰어야 할 돌의 거리를 계산하고 온 정신을 집중해서 점프해야 한다. 그렇지 않으면 개울물에 풍덩 빠져서 온 몸이 젖을 각오를 해야 한다. 심지어는 개울물을 따라 끝없이 떠내려갈 수도 있다.

반면 평범한 사람들의 교육 과정은 계단을 오르는 것과 비슷하다. 초등학교, 중학교, 고등학교, 대학교를 나와서 취업을 하거나 대학원에 진학한다. 마치 한 계단, 한 계단을 밟고 올라가는 것과 같다. 징검다리를 건너는 것처럼 신경을 쓰며 점프할 필요도 없다, 그저 한발을 들어 다음 계단을 밟고 올라가면 되는 것이다. 계단 옆에 핀 개나리도 구경하고, 같이 걷고 있는 친구와 애기를 나누면서도 계단은 오를 수 있다.

그렇게 오르다 보면 어느덧 계단을 다 오르게 되지만 정확히 자신이 무엇 때문에 그 계단을 올랐는지, 목적지가 어디인지 정확히 알지 못하는 경우가 많다. 또한 반듯이 올라올 수도 있지만 대각선으로 삐딱하게 올라오거나 지그재그로 계단을 올라오면 처음 생각한 곳과는 다른, 엉뚱한 곳에 도착하는 일도 생긴다.

그러나 하사비스가 선택한 징검다리는 정확히 마지막 돌에서 착지한 점이 곧 도착점이 된다. 징검다리에서 첫 발을 떼었을 때부터 보였던 도착점에 정확히 도착하게 되는 것이다.

성적을 거꾸로 하면 적성이다

사실 우리는 왜 학교를 다니는 것인지부터 생각해 봐야 한다. 단지 사회적으로 정해져 있는 교과 과정을 이수하기 위해 교육을 받는 것이 아니라면 말이다. 무언가 배울 것이 있고 그것을 알기 위해 학교를 다니는 것이 정석이다.

하지만 우리나라의 교육에 대한 인식은 이것과는 거리가 멀어 보인다. 좋은 곳에 취업하기 위해, 나중에 학력으로 차별받지 않기 위해 학교를 다니는 것이다. 그 안에서 무엇을 배워야 하는 지는 크게 중요하지 않으며, 단지 필요한 것은 졸업장일 뿐이라는 생각으로 기계적인 학습을 한다.

결국 이러한 배움에 길들여지면 자신의 꿈이나 적성은 고려하지 않고 오직 성적에 맞춰 전공을 택하는, 선택 아닌 선택을 하게 된다. 그러다 보니 한창 젊은 열정을 불살라야 할 시기에 무의미한 학창 시절을 보내게 된다. 마치 위에서 애기한 계단처럼 무언가 열심히 밟고 올라왔지만 정작 자신이 그곳에 왜 올라왔는지는 모르는 것과 같다.

공부에는 왕도가 없다

물론 하사비스처럼 학교를 다니다가 회사를 다니고, 또 회사를 나와서 학교를 다시 다녀야 된다는 것은 아니다. 그렇게 할 수도 없고 그래야 되는 것은 더더욱 아니다. 다만 인식의 전환이 필요하다는 것이다.

우리는 정확히 자신의 꿈을 달성하는데 무엇이 부족한지를 깨달아야 한다. 그리고 그 다음에는 그것을 채우기 위한 공부를 해야 한다. 필요하다면 진학하는 것도 생각해 볼 수 있다. 직장을 다닌다면 야간 대학을 다니는 것도 방법이다. 그럴 만한 여유가 없다면 책을 사서 공부를 하거나 다른 이의 도움을 받아서 공부할 수도 있다.

공부하는 데는 왕도가 없다. 마치 블록을 쌓아 올리듯이 필요한 블록을 찾아서 하나 하나 쌓아 올리면 된다. 그렇게 한 블록, 한 블록씩 쌓다 보면 어느덧 블록은 완성될 것이다. 그리면 성큼 자신의 꿈 앞에 다가설 수 있게 된다.

알파고는 교육에서 나왔다

어쩌면 하사비스는 고등학교를 졸업하고 처음 취직한 불프로 그라는 회사에서 자신의 개발적 지식이 부족하다는 것을 통감했을지 모른다. 현장에서 배우는 지식의 한계를 말이다.

그래서 선택한 길이 캠브리지 대학에 입학해서 컴퓨터 공학을 배우는 것이었다. 또 졸업해서 게임 개발사를 차렸을 때는 인공지능의 세계에 눈을 떴을 것이다. 인공지능을 개발하기 위해서는 뇌 과학을 제대로 배워야 한다는 것을 깨닫고 그는 대학원에 신학을 했다.

자신이 부족한 것이 정확히 무엇인지를 알고 그것을 배우기 위해 하사비스는 그 누구보다 열심히 노력했다. 그는 단순히 이론에만 치중하지 않았으며, 개발 현장에서 부족한 부분은 이론을 통해 채워 나갔다. 그래서 이론으로 이론을 보태는 것이 아니라, 자신이 배운 이론들을 현장에 계속 접목시켜 나갔고, 새로운 이론을 현장에 적용한 산출물이 오늘날 전 세계의 주목을 받게 된 알파고인 것이다.

하사비스 vs 앨론 머스크

전기차 테슬라 모터스의 대표이자 민간우주기업 스페이스X의 CEO인 앨론 머스크는 1971년생으로 하사비스보다 5살 위다.

앨론 머스크와 하사비스는 깊은 인연이 있다.

앨론 머스크는 딥마인의 초기 투자자 중 한 명이면서 구글의 래리 페이지에게 하사비스를 소개해 준 장본인이기도 하다. 어쩌면 앨론 머스크가 아니었다면 오늘날의 구글 딥마인드는 없었을지도 모른다. 래리 페이지와 친구처럼 지냈던 앨론 머스크가 소개한 하사비스의 독특한 이력은 개발자 출신인 래리 페이지의 관심을 끌기에 충분했다.

1+1=3, 가치를 창출하라

퓨전의 시대

요즘은 퓨전 시대다. 퓨전이라 함은 서로 다른 두 종류 이상의 것을 섞어 새롭게 만든 것을 의미한다. 라틴어의 Fuse(섞다)에서 유래한 이 말은 이질적인 것들의 뒤섞임, 조합, 조화를 뜻한다. 음악 장르로 보면 크로스오버가 퓨전 뮤직에 해당한다. 재즈와 록, 팝 등 여러가지 스타일의 음악을 혼합한 연주 형식 말이다.

또 자동차로 보면 하이브리드카가 대표적이다. 하이브리드카는 가솔린 엔진에 전기 자동차의 배터리 엔진을 장착해서 연비 효율을 높힌 차다.

이 외에도 채권의 안정성을 추구하면서도 주식처럼 매매가 가능한 하이브리드 채권과 같은 금융상품도 있다.

가깝게는 파스터와 짬뽕을 섞는 식으로 요리에도 퓨전 바람이 불고 있으며, 국악과 클래식이 함께하는 퓨전앙상블과 같은 음악도 예외는 아니다.

1+1=3

흔히 퓨전을 1+1=3이라는 등식을 써서 설명하기도 한다. 1과 1을 더한 2에 서로 결합하면서 새롭게 창출된 가치 1을 더해 3이 된다는 식이다.

그런 의미에서는 시너지하고도 가깝다. 즉 두 개 이상의 것이 하나가 되어 독립적으로 얻을 수 있는 것 이상의 결과를 내는 작용이다. 그래서 시너지는 주로 협업 등을 강조할 때 쓴다.

단지 이종 간의 결합을 통해 기존에 없던 새로운 가치를 창출한다는 점에서 퓨전은 우리 생활 깊숙히 뿌리내리고 있다. 특히 기존 영역에서 한계치에 다다랐을 때 퓨전을 통한 가치 창출은 어쩌면 불가피해 보이기까지 한다.

특히 이러한 퓨전은 틈새시장에서 그 가치를 발휘하는데, 기존의 포화된 시장과 시장 사이에서 퓨전이 활발히 진행되기 때문이다. 어쩌면 퓨전이야말로 블루오션 시장을 개척하기 위한 대안일 수 있다.

하사비스는 퓨전리스트

그런 의미에서 보면 하사비스야말로 퓨전의 중심에서 살았다고 할 수 있다.

어떻게 보면 그의 출생부터가 퓨전이다. 아버지는 그리스계이며, 어머니는 중국계이다. 말 그대로 하사비스는 동양인 어머니와 서양인 아버지 사이에서 나왔다.

그는 체스 챔피언 자리에까지 오른 체스 마스터였으나, 그가 세상을 깜짝 놀라게 한 알파고로는 바둑을 선택했다. 서양과 동양

Add value

을 대표하는 체스와 바둑을 오간 것이다.

또 그는 컴퓨터 공학과 뇌 인지 과학을 전공했다. 인간 대 기계로 대별되는 사회에서 컴퓨터와 뇌를 배운 셈이다. 즉 하사비스의 인공지능은 인공(컴퓨터)과 지능(뇌)의 결합이라고 할 수 있다.

그리고 그는 인지 과학을 전공할 당시에 기억과 상상은 같은 영역에서 나온다는 논문을 발표했는데, 기억과 상상은 서로 별개라는 기존의 상식을 뒤엎은 내용이었다.

그가 만든 게임 중 역대 최고로 대 히트를 기록한 게임의 제목이 블랙 앤 화이트라는 점도 아이러니다.

하사비스의 인공지능

하사비스의 퓨전적인 삶 중에서 무엇보다 중요한 것은 바로 컴퓨터 공학과 뇌 인지 과학의 결합이다. 그것이 오늘날의 알파고를 만들었기 때문이다.

그전까지만 해도 컴퓨터와 인간의 뇌를 다루는 컴퓨터 공학과 뇌 인지 과학은 서로 무관한 것처럼 받아들여졌다. 그 둘은 공학과 의학으로 나뉜다고 보는 사람도 있을 정도였다.

그도 그럴 것이 하사비스가 케임브리지 대학에서 컴퓨터 공학을 배울 당시에는 인공지능이라는 것이 생소한 분야였다.

그가 뇌 인지 과학에 눈을 돌린 것은 컴퓨터 공학을 배운 후 게임 개발사에서 AI에 대한 개발을 진행하던 때였다. 기존에 배운 컴퓨터 공학의 한계를 느낄 수밖에 없었던 것이다. 그래서 그는 유니버시티 칼리지 런던으로 들어가서 뇌 인지 과학을 배우기로 마음 먹는다.

즉 앞서 얘기한 퓨전의 정의처럼 기존의 것에서 발생하는 한계를 서로 다른 이종의 것에서 찾기로 결심한 것이다.

극과 극은 통한다고 하였다. 그는 마침내 뇌에서 컴퓨터 공학을 통해서는 얻지 못한 인공지능에 대한 영감을 받게 된다.

그래서 그는 유니버시티 칼리지 런던을 나오자마자, 바로 오늘날의 구글 딥마인드 전신인 딥마인드 테크놀로지라는 회사를 차리고 본격적으로 인공지능 개발에 박차를 가했고, 그 결과물이 알파고인 것이다.

컴퓨터와 뇌를 섞는 퓨전 마인드의 힘

이로써 하사비스는 오늘날 알파고의 아버지, 인공지능의 대가로 추앙받는다. 그가 살아온 것을 보면 오늘날 그의 모습은 당연하다.

체스로 시작해서 게임을 개발하다가 컴퓨터 공학을 배우고 나와 뇌 인지 과학을 배우고, 이것을 결합해서 바둑 버전 인공지능 알파고를 만들었으니 말이다. 하사비스가 거쳐온 삶의 과정 하나 하나를 다 더하면 알파고라는 답이 나올 수밖에 없다.

무엇보다 오늘날 그가 주목 받게 된 배경으로는 컴퓨터 공학과 인지 과학을 섞어서 만든, 인공지능의 가능성을 열어 보인 것이 가장 크다고 할 수 있다. 그가 그런 시도를 하지 않았다면 보다 사람에 가까운 인공지능의 개발은 한참 뒤의 일이 되었을 것이다.

결국 컴퓨터 공학과 인지 과학 사이에서 인공지능이라는 새로운 가치를 창출한 점은 그가 가진 퓨전 마인드의 힘이라고 할 수 있다.

정반합 마인드, 반대의 것에서 답을 찾아라

퓨전 마인드를 갖기 위해서는 어떻게 해야 하는가?

크게 세 가지로 나누어 볼 수 있는데, 첫째는 정반합 마인드다.

모든 것을 하는데 있어서 우리는 정반합 시각을 가져야 한다. 즉 반대에서 답을 찾을 수 있다는 입체적인 사고가 필요한 것이다. 그러기 위해서는 자신이 그동안 배운 것이나 주장하는 것에 충돌하는 내용도 열린 마음으로 받아들여야 한다. 또 서로 반대되는 것에서 각자의 단점을 보완하고 장점을 키우는 방향으로 합을 찾아야 한다. 균형잡힌 사고가 필요한 것이다.

가지치기 마인드, 비빔밥에는 반드시 밥이 필요하다

퓨전 마인드를 갖기 위한 두 번째 조건은 가지치기 마인드다.

자신만의 전문 분야가 있어야 한다. 전문 분야가 있어야만 그것을 기반으로 다른 이종의 것과 결합할 수 있다. 나무에 비유하자면 나무는 뿌리가 깊게 박혀 있어야 가지 치기를 할 수 있다.

퓨전 마인드는 또한 비빔밥에도 비유할 수 있는데, 비빔밥 재료만을 가지고는 비빔밥을 만들 수 없다. 그것은 단지 맛 없는 야채 샐러드에 불과할 뿐이다. 여기에 밥이 들어가야만 비로소 비빔밥이 완성되는 것이다.

이처럼 다른 것을 충분히 수용할 만한 자신의 전문 분야가 있어야 새로운 가치를 창출할 수가 있다.

하사비스의 경우 어린 날 현장에서 게임을 개발하고 케임브리지 대학에서 배운 컴퓨터 공학 지식이 있었기에 뇌 인지 과학으로까지 분화할 수 있었던 것이다. 이것은 공학적 토대 위에 뇌 인지 과학의 씨앗을 뿌린 것과 같다.

지적 소양을 넓히다

퓨전 마인드를 갖추기 위한 마지막 조건은 배우는 자세다.

사람들은 특성상 자신들이 잘 알고 있고, 잘 안다고 생각하는 부분을 강화하려고 할 뿐, 그와 무관한 것을 새로 배우려고는 하지 않는다. 하지만 전혀 상관없어 보이는 엉뚱한 것에서 그동안

떠오르지 못한 아이디어나 영감을 얻을 수 있다. 그러기 위해서는 새로운 부문에 대한 거부감을 버리고 배우려는 열의가 필요하다. 컴퓨터 공학을 배우고 게임 개발로 이력을 쌓던 그가 인지 과학을 공부하지 않았다면 오늘날의 알파고는 나올 수 없었을 것이다.

생각에 대해 생각하다

앨론 머스크와 하사비스에게는 묘한 세가지 공통점이 있는데, 첫째, 어린 시절 이 두 사람은 지극히 내성적인 아이였다.

하사비스는 미국 IT잡지 Wired와의 인터뷰에서 자신의 어린 시절에 대해 다음과 같이 말했다. "저는 내성적인 소년이었습니다. 항상 뭔가를 생각하고 있었던 것 같은데요. '나의 뇌는 도대체 어떻게 말의 움직임을 생각해 낸 것일까?' 하는 의문을 자연스럽게 갖기 시작했습니다. 즉 저는 '생각'에 대한 '생각'을 계속했습니다."

오죽하면 하사비스 스스로도 자신을 '검은 양과 같은 외계인'이라고 표현했겠는가.

앨론 머스크도 하사비스보다 더하면 더했지 덜하지는 않았다.

어린 시절 공상과학 소설을 좋아했던 그는 뭔가를 골똘히 생각하면 주변 말을 흘려듣기 일쑤였다. 오죽하면 주위 사람들이 그를 귀머거리가 아니냐고 놀릴 정도였다. 하지만 가끔 아는 체하는 성격 탓에 학교에서 왕따를 당했고, 한번은 심하게 맞아 기절까지 했다고 한다. 오죽하면 그의 어머니가 인터뷰에서 "사람들은 이 아이가 크는 동안 얼마나 힘든 시간을 보냈는지 모를 거예요. 앨론은 정말 외로운 아이였어요."라고 말할 정도로 그는 친구가 한 명도 없었다. 그래서 그는 더욱 더 자기가 좋아하던 만화나 공상과학 소설 등에 더욱 빠져들었다.

조용하고 내성적이며, 자신의 생각에 깊이 빠져 있는 하사비스의 어린 시절과 상당 부분 닮아 있지 않은가?

아날로그 감성을 키워라

천치들의 시대가 올 것

"I fear the day that technology will surpass our human interaction. The world will have a generation of idiots."

이 문장은 "과학기술이 인간 사이의 소통을 뛰어넘을 그날이 두렵다. 세상은 천치들의 시대가 될 것이다."라는 알버트 아인슈타인의 말이다.

21세기는 아인슈타인이 말한 바로 그 시대이다. 최근 스마트폰 중독이 사회 문제로 부각되면서 아인슈타인의 말이 더욱 화제가 되고 있는데, 세기의 과학자인 아인슈타인이 과학기술의 부작용에 대해 언급했으니 그럴 만도 하다. 게다가 천재라고 불리우는 아인슈타인이 천치라는 표현을 써 가면서까지 진보하는 과학기술에 대한 우려를 표명했다는 데 사태의 심각성이 있다.

바보상자, 텔레비전

예전에는 텔레비전을 바보상자라고 하며, 과도한 시청의 부작용이 문제가 되었다. 일명 멍 때리고 보는 것을 지적한 말이다.

사실 텔레비전을 생각없이 보다 보면 머리가 굳어진다는 말이 있는데, 특히 영유아기에 있는 아기들이 장시간 TV를 보면 뇌 발달에 부정적인 영향을 준다고도 한다.

물론 텔레비전이 유익한 정보를 주는 것 또한 사실이다. 다만 이런 말이 나오게 된 것은 우리가 너무 책을 멀리하고 텔레비전에만 매달리는 것을 경고하는 얘기일 거다.

그도 그럴 것이 텔레비전을 켜면 볼거리가 넘쳐난다. 채널도 100여 개가 훌쩍 넘으며, 화려한 영상을 보다 보면 시간 가는 줄도 모른다. 이러니 책이 눈에 들어올 리가 없다.

바보상자의 진화

그나마 PC가 보급되면서 텔레비전의 자리를 PC가 일부 넘겨받았다. PC는 그나마 텔레비전처럼 수동적인 시청이 아닌 능동적인 이용이라는 측면에서 바보상자라고 하기에는 무리가 있다. 하지만 게임 중독, PC방 폐인 등과 같은 일부 폐해도 낳았는데, 이 역시 과도한 몰입이 문제였다.

이제는 텔레비전과 PC보다 강력한 스마트폰이 우리 생활 깊숙히 파고 들고 있다. 지하철을 타면 모두가 고개를 푹 숙이고 스마트폰을 만지작거리고 있다. 마치 집단 의식을 치르는 것처럼도 보인다. 물론 스마트폰을 통해 정보를 얻거나 강의 동영상을 보는 등 유익하게 사용하는 사람도 많을 것이다. 하지만 보통은 인터넷에 올라온 가십 기사를 보거나 SNS에 사진을 올리고 채팅하는데 대부분의 시간을 쓴다. 지하철에서 책을 읽거나 신문을 보는 사람은 더 이상 찾아보기 힘들다.

읽는다에서 찾는다, 읽는다에서 보다

이제 우리는 책을 통해 지식을 쌓는 것보다는 스마트폰을 통해 정보를 찾는 것에 길들여지고 있다. 즉 긴 시간을 들여 책을 읽느니 몇 번의 클릭으로 딱 필요한 정보만 끄집어내어 보는 것이다. 예전에 인터넷이 활성화되면서 인터넷 정보 검색사라는 자격증이 대두된 것처럼, 이제는 읽는다에서 찾는다로 패러다임이 바뀌었다.

또 워낙 볼 컨텐츠가 넘쳐나다 보니 깊은 사색을 통한 읽기보나는 오히려 보는 쪽에 가까워지고 있다. 그냥 눈으로 훑는다는 느낌으로 글을 보며. 좀 지루하다 싶으면 다른 글을 클릭하면 그만이다.

그나마 읽는 글도 책과 같이 깊은 사고와 통찰을 주는 글이 아니라, 짧은 흥미 중심의 글들이 넘치다 보니 사고의 호흡이 갈수록 짧아지고 있다.

나와 마주할 시간에 스마트폰과 마주하다

그러다보니 이제는 스마트폰 하나만 있으면 외롭지도 않고 지루하지 않게 보낼 수 있다. 굳이 어렵게 사람을 만나는 것보다 SNS로 톡을 날리는 것이 훨씬 수월하다. 책보다는 인터넷 가십 기사를 읽는 재미가 쏠쏠하며, 타임 킬러로 스마트폰 게임 만한 것이 없다. 또한 SNS를 통해 다른 이의 일상을 훔쳐보는 것도 빼놓을 수 없는 재미다.

스마트폰이 바보상자인 텔레비전보다 더욱 해로운 것은 휴대성 때문이다. 무언가를 하고 남는 자투리 시간에 항상 스마트폰이 비집고 들어온다. 때론 하루의 계획을 세우거나 나를 돌아보게 되는 출근과 퇴근 시간에도 어김없이 스마트폰이 우리의 사고와 시선을 지배한다. 그러다 보니 절대적으로 자신을 돌아보고 마주하는 시간이 줄어들 수밖에 없다. 나와 마주하는 시간보다 스마트폰과 마주하는 시간이 많은 것이다.

탈 디지털, 착 아날로그

그래서 일각에서는 탈 디지털을 애기하기도 한다. 얼마 전 인기리에 방영되었던 '응답하라 1988'이라는 드라마는 아날로그 감성을 자극하며 큰 인기를 얻기도 했다.

그렇다면 탈 디지털이란 무엇인가. 딱히 어려울 것도 없다. 만약 텔레비전과 컴퓨터, 그리고 스마트폰이 없다고 상상해보자.

그동안 잠시 접어두었던 책을 꺼내 읽을 것이다. SNS로 안부만 전하던 친구를 직접 만나 밀린 수다를 떨거나 같이 운동이라도 할 것이다. 주말에는 모처럼 여행도 다녀올 것이다. 그동안 사서 모셔놓기만 한 카메라를 꺼내 사진 동호회 사람들과 출사를 다녀올 수도 있다.

컴퓨터가 없다면 아버지와 즐겨 두던 장기나 바둑도 둘 것이다. 두기 전 저녁 내기는 필수다. 아이들과 보드게임을 하면서 벌칙으로 이마에 꿀밤 때리기를 하면서 즐거운 저녁 시간을 보내는 것은 어떤가. 또 그동안 듣지 못한 라디오 채널을 맞춰 보거나 오래된 클래식 음반도 들을 것이다. 그리고 딱히 할 것이 없으면 자

신의 생활을 돌아보고 내일의 계획을 세워 보며 하루를 정리할 것이다.

그렇다. 아날로그는 좀 더 사람 냄새 나고, 땀 냄새도 나는 생활이라고 할 수 있다. 그리고 자신과 마주하는 시간이 많은 생활이다.

하사비스는 아날로그가 키웠다

하사비스가 어린 시절 둔 체스의 경우, 바둑, 장기와 같은 대표적 아날로그 게임이다. 체스는 고도의 사고 작용이 필요한 게임으로, 제한시간 안에 상대의 수를 읽고 말을 놓기 위해서는 엄청난 집중력이 필요하다. 특히 경기에 임할 때는 딴전을 피우거나 수다를 떨 수 없다. 일분일초도 흘려보내지 않고 체스에만 집중해야 하는 것이다.

이는 오늘날의 온라인 게임과도 확연히 비교된다. 온라인 게임 중 특히 실시간 전략 게임(RTS, Real Time Strategy)이 대세다. 스타크래프트와 같은 게임이 대표적인 실시간 게임으로, 이런 게임들의 특징은 실시간으로 게임을 한다는 것이다.

그런데 이런 실시간 게임들은 바둑이나 체스, 장기와 같은 턴 방식의 게임이 아니다. 즉 내가 한 수 두고 상대방이 다음 수를 놓는 식이 아니며, 말 그대로 실시간으로 서로 치고 받는 게임이다. 그러다 보니 생각할 시간이 없다. 머리보다 손이 빨라야 하며, 즉흥적인 판단이 중요하다.

물론 이러한 게임들도 집중력을 요구하지만, 바둑, 체스와는 비교할 바가 아니다. 게다가 이런 게임은 어느 정도 정형화된 패턴대로 하면 되지만, 바둑이나 체스의 경우는 상대가 어떻게 놓느냐에 따라 경우의 수가 달라지기 때문에 엄청난 사고력이 필요하다.

하사비스의 경우에는 단순히 취미로 체스를 둔 것이 아니었다. 그는 세계 체스 2위 챔피언 자리에 오른 체스 마스터였다. 우리는 이러한 사실에서 그가 체스를 통해 얼마나 사고를 단단히 했는지 쉽게 추측할 수 있다.

하사비스, 대학에 가다

그리고 무엇보다 하사비스는 케임브리지 대학에서 컴퓨터 공학을, 유니버시티 칼리지 런던에서 뇌 과학을 전공했다.

　그는 서로 다른 분야의 공부를 하기 위해 두 번이나 학교를 다니면서 수없이 도서관을 오갔을 것이고, 강의를 듣고 리포트를 썼을 것이며, 수많은 논문, 수많은 교재와 씨름했을 것이다. 때론 같은 수업을 듣는 학생들과 열띤 토론을 할 때도 있었을 것이고, 교수에게는 난감한 질문도 던졌을 것이다.

　이런 땀 냄새 나는 아날로그적 노력이 오늘날의 하사비스를 만든 것이다.

게임으로 통하다

하사비스와 엘론 머스크의 두 번째 공통점은 앨론 머스크 역시 하사비스와 마찬가지로 어린 시절 컴퓨터에 빠져서 게임을 개발한 독특한 이력이 있다는 것이다.

통상 배우는데 6개월 이상 걸리는 베이직 컴퓨터 프로그램을 3일만에 독학으로 깨우친 그는 초등학생이었던 12살 때 블래스타(Blastar)라는 이름의 게임을 동생과 함께 만든다. 이 게임은 한때 오락실을 풍미했던 갤럭시안과 같은 슈팅 게임으로 이를 게임 잡지에 500달러(현재 가치로 1,200달러)에 판매하기도 하는 등 남다른 사업적 수완을 보이는데, 이는 하사비스가 11살때 오델로 게임을 개발하여 동생과 대결토록 한 것과 비견된다.

이쯤되면 세기의 유명한 과학자나 경영자가 되기 위해서는 어렸을 때부터 게임 개발을 조기 교육으로 가르쳐야 할 것으로 보이는데, 이러한 사실만 놓고 보면 게임 개발이 어린 아이들의 창의적이고 생산적인 능력을 키우는데 도움이 되지 않을까?

몰입을 훈련하라

하사비스는 사이 몰입의 대가라고 할 수 있다. 왜냐하면 13살이라는 어린 나이에 세계 유스 체스 대회에 나가 2위를 기록한 세계 체스 챔피언이기 때문이다.

체스의 경우 한마디로 몰입의 게임이라고 할 수 있다. 체스 경기 내내 한순간도 긴장을 늦추면 안 된다. 오로지 체스판에 시선을 고정한 채 상대의 수를 읽어야 한다. 경우의 수가 한 둘이 아니기 때문에 최적의 수를 찾기 위해서는 살인적인 집중력이 필요하다.

왜냐하면 느긋하게 친구랑 쇼파에 마주앉아 체스를 두는 것과 수많은 사람이 숨죽이며 지켜보는 가운데 정해진 시간 안에 답을 찾는 것은 다르기 때문이다. 체스도 체스지만 심적으로 엄청난 압박감이 들 수밖에 없다. 만일 이러한 주변 환경을 의식하면서 체스를 두다가는 단 한 수도 두기 어려울 것이다. 행여 실수한 것을 뒤늦게 알았을 때 이것을 지켜보는 사람들이 어떻게 생각할까를 의식한다면 창피함과 자신에 대한 원망으로 질식할 지도 모른다.

그래서 거의 경기 시작부터 끝날 때까지는 체스와 물아일치, 즉 하나가 되어야 한다. 경계가 없어야 한다는 것이다. 체스와 하나가 되어 온 정신이 모아지면 주변 상황으로부터 자유로울 수 있다.

유년기를 좌우하다

하사비스는 13살이라는 비교적 어린 나이에 체스를 두면서 몰입 자체가 생활이 된다. 보통 사람들에게 어느 것 하나에 몰입하기 위한 시간이 필요하다면 하사비스는 자신이 원하는 즉시 몰입으로 들어갈 수 있었다.

그도 그럴 것이 체스는 말 그대로 경기이기 때문이다. 경기에서는 내가 경기에 몰입할 때까지 상대가 기다려 주지 않는다. 첫 수를 두는 것을 시작으로 바로 몰입 단계에 들어가야 한다. 오히려 체스는 상대의 허점을 노려 수를 놓았을 때 이긴다고 할 수 있다.

결국 하사비스는 체스를 통해 몰입 훈련을 같이 했다고 할 수 있다.

몰입의 효과

몰입을 하게 되면 극도의 효율을 얻을 수 있다. 한마디로 들어가는 노력 대비 얻는 것이 많다는 것이다. 공부를 놓고 본다면 비교적 짧은 시간에 진도를 많이 빼는 것과 같다.

또한 단순히 양만 놓고 보아서도 안 된다. 대상에 대한 이해, 암기 능력 역시 고양된다고 할 수 있다.

게임에 미치다

청소년 자녀를 둔 부모들 중 자녀가 게임에 몰두하는 것을 보고 걱정을 하지 않는 부모는 없을 것이다. 대부분 공부를 좀 그렇게 하라며 혀를 찬다.

사실 게임에 미쳐 있는 친구들이 게임하는 것을 보면, 그들의 엄청난 몰입력에 입이 다물어지지 않는다. PC방에서 몇 날 며칠 잠을 자지 않고 컵라면으로 끼니를 때우며 게임을 하는 친구도 있다고 하니 정말 미쳤다는 말이 절로 나온다. 그 정도의 몰입력을 가지고 공부를 한다면 일류대 입학은 따놓은 당상이라고 할 수 있다.

만일 어떤 대상에 대한 몰입을 공부나 다른 유익한 것에 대한 몰입으로 치환시킬 수 있는 장치가 있다면 초대박 히트상품이 되었을 것이다.

몰입 경험이 중요하다

그래도 그런 친구들이 그 어떤 것에도 흥미가 없거나 무미건조하게 하루를 보내는 친구보다 나을 수도 있다. 그 친구들한테는 없는 '에너지'가 있기 때문이다.

어떤 대상에 대한 '에너지'는 바꿔 말하면 열정과도 같은 것이다. 따라서 그 대상만 적절히 바꿔 준다면 더욱 유익하고 바른 일에 그 열정을 쏟게 할 수 있다.

반면 공부가 되었던 게임이 되었던 자신을 둘러싼 다른 일에는 도통 관심도 없고 의욕조차 없는 친구들은 쉽게 바뀌지 않는다.

하사비스는 뛰어난 몰입 능력이 있었다

하사비스의 경우에는 몰입의 대상이 여러 번 바뀌었다. 마치 옷을 갈아입는 것처럼, 처음에는 체스에 몰두했다가 그 다음은 게임, 그 뒤로는 컴퓨터 공학, 게임, 뇌 과학, 마지막으로 인공지능으로 이어진다. 마치 물리학의 질량 보전의 법칙이 그대로 사람에게 적용된다면, 하사비스의 경우에는 '열정 보전의 법칙'이 적용된 것은 아닐까?

사실 이렇게 몰입의 대상이 자주 바뀐 현상을 잘 살펴보면 몰입의 장점을 파악할 수 있다. 하사비스는 잘 훈련된 몰입을 통해 새로운 학문이나 다른 분야의 일을 비교적 짧은 시간에 독파할 수 있었던 것이다.

하사비스가 유년기 때 체스로 잘 훈련된 몰입 능력이 없었다면 이러한 과정을 쉽게 통과할 수 있었을까?

몰입을 훈련하라

몰입의 대가 칙센트마하이는 몰입의 조건으로 세 가지를 든다. 첫째는 목표가 명확해야 하고, 둘째는 난이도가 적정해야 하며, 셋째는 결과의 피드백이 빨라야 한다는 것이다. 이 세 가지 조건이 맞아 떨어질 때 비교적 몰입하기 좋은 순간이 된다고 한다.

일단 목표가 명확해야 한다는 것은 '무언가를 하겠다.' 또는 '무언가가 되겠다.'라는 명확한 목표를 가지라는 것이다. 그 목표는 추상적인 것이 아니라, 구체적이이야 한다. 단순히 '나는 돈을 많이 벌 거야.'가 아니라, '나는 어떤 것을 가지고, 어떠어떠한 방식으로, 어떻게 해서 돈을 벌 거야.' 하는 구체적인 플랜을 가져야 한다는 것이다.

다음으로 적절한 난이도다. 너무 어렵거나 반대로 너무 쉬워서는 안 된다. 자신의 수준에 맞는 것이 필요하다. 이 과목에서 10점 더 올리겠다라는 목표는 명확한데, 처음부터 너무 어렵거나 쉬운 문제를 푼다면 의욕이 생기기 어려운 것과 같은 이치다.

마지막으로 결과의 피드백이 빨라야 한다. 일종의 보상과도 같은 것으로 무언가에 몰입하였을 때 그 결과를 바로 확인하고 정서적 만족감을 줄 수 있는 것이어야 한다. 예를 들어 자신의 수준에 맞는 문제를 풀고 바로 채점을 해서 나온 점수에 만족해 하는 식이다.

몰입의 또 다른 선물

이런 식으로 적절하게 몰입 훈련을 하게 되면 그 대상을 통해서 얻는 것뿐만 아니라 심리적 만족감을 얻을 수 있다.

즉 몰입을 통해 제약된 현실에서 벗어나 무언가 다른 것에 흠뻑 빠질 수 있는 것이다.

우리가 영화나 책을 보는 것도 이와 마찬가지다. 영화를 보다 보면 내용에 흠뻑 빠져 자신이 이야기 속으로 들어가 있는 듯한 경험을 하게 된다. 그 순간만큼은 영화를 실제 상황으로 인식하게 되며, 배우들이 각본대로 움직인다는 사실을 망각하게 되는 것이다. 그리고 감독이 의도한 대로 내용의 정점에 이르러서는 감정이 최고조에 이르게 된다. 즉 카타르시스를 경험하는 것이다.

단순히 영화의 내용이 좋을 때만 그런 반응이 나오는 것은 아니다. 본인이 영화에 몰입했기 때문에 감정 이입이 가능했던 것이다. 만일 영화를 같이 보러온 친구와 수다를 떤다거나 영화 중간 중간에 휴대폰을 만지작거리면서 본다면 결코 그런 경험을 할 수 없다.

다양한 몰입을 경험하라

앞에서 얘기한 게임이나 다른 무언가에 몰입되어 있는 경우에는 그 대상을 다양화시키는 노력이 중요하다. 말하자면 '에너지'를 좀 더 유익하고 올바른 것에 쓰라는 것이다.

물론 게임에 빠져 있는 사람에게 공부에도 그렇게 몰입하라고 하면 어떻게 게임과 공부가 같냐는 반감을 불러일으킬 수도 있다. 여기서 중요한 포인트는 무작정 관심도 없는 것에 흥미를 가지라는 것이 아니다. 그 과정을 살펴보라는 것이다. 즉 게임과 공부의 경우 과정상 비슷한 부분이 있을 수 있다. 말하자면 게임의 미션을 완수하는 것은 어떤 한 과목의 챕터를 끝마치는 것과 유사하다. 또 게임에서 적을 제거하는 것은 문제지의 문제를 푸는 것과 같다. 이런 식으로 공부를 하는 과정 자체에서 게임의 놀이 요소를 찾는 것이다.

물론 처음부터 쉽지는 않겠지만 모든 것은 인식의 문제다. 공부 자체에서 게임을 느낄 수 있다면 공부도 게임처럼 몰입할 수 있는 것이다. 이런 여러 훈련을 통해서 몰입 능력을 고양시킬 수 있다.

이종에서 혁신을 찾다

하사비스와 엘론 머스크의 세 번째 공통점은 두 사람 모두 서로 이질적인 학문을 대학에서 공부했다는 것이다,

하사비스가 케임브리지 대학에서 컴퓨터 과학을, 그리고 유니버시티 칼리지 런던에서 뇌인지과학을 배운 것처럼, 엘론 머스크 역시 퀸즈대학교와 펜실베니아 대학에서 경영학을, 그리고 추가로 물리학을 배우게 된다. 즉 하사비스가 대학에서 컴퓨터와 뇌를 배웠다면 엘론 머스크는 경영학과 물리학을 배운 셈이다.

훗날 엘론 머스크가 배운 경영학은 데슬라 모터스, 스페이스X, 솔라시티의 최고 경영자로서의 사업을 전개하는데 도움을 준다. 물리학 역시 그가 전기차, 민간우주산업, 대체 에너지 산업을 하는데 있어서 물리학적 토대를 제공하였음은 물론이다.

현장이지 말입니다

"현장이지 말입니다"

"현장이지 말입니다."는 예전에 큰 인기를 끈 드라마 미생에서 화제가 된 말이다.

장그래(임시완 분)와 한석율(변요한 분)은 회사 채용 면접에서 공동으로 1차 PT를 진행한다. 준비하는 과정에서 서로 주먹다짐이 오갈 정도로 순탄치 않은 모습을 보이는데, 실수로 청심환을 먹지 못한 한석율이 긴장 탓에 발표를 망치자, 장그래가 대신 마이크를 잡는다. 하지만 한석율과 달리 말주변이 부족한 장그래가 말을 버벅거리자 현장의 이야기가 부족하다며 심사위원의 타박을 받는다. 이에 평소 현장을 강조하는 한석율이 심사위원의 말에 각성하여 "역시 현장이지 말입니다."라고 말한 뒤 장그래에게 다시 마이크를 넘겨받아 유창하게 발표를 이어나간다. 현장이라는 말에 무대 울렁증을 극복한 것이다. 결국 그들은 1차 PT를 큰 실수 없이 무난하게 통과하게 된다.

전투화 vs 실내화

그들은 또 2차 개인 PT에서 경합을 벌이게 되는데, 이 장면도 명장면으로 통한다.

당시 장그래는 '현장'의 중요성만을 강조하는 한석율에 맞서 직장 상사인 오상식(이성민 분)의 실내화를 꺼내든다.

장그래는 땀 냄새나고 굽이 닳은 내근직의 '실내화'도 현장의 '전투화'와 별반 차이가 없음을 강조한다. 즉 "사무실 직원들도 지옥철을 겪으며 출근하고, 초라함을 감수하면서 OK 전화 한 통을 받기 위해 해당국 업무시간까지 밤을 새워 대기하기도 합니다." 라고 말하며 내근직의 치열한 삶을 소개한다. 이어 "회사에서 생산하는 제품 중에 이유 없이 존재하는 제품은 없죠. 공장과 사무부는 서로 이어져 있습니다. 큰 그림으로 본다면 우린 모두 이로움을 추구한다는 점에서 같습니다. 제가 생각하는 현장은, 한석율 씨가 생각하는 현장과 결코 다르지 않다고 확신합니다."라고 주장한다.

이 말은 현장과 내근직을 대변하는 블루칼라와 화이트칼라의 2분법적 사고를 허물며, 사람들의 공감을 이끌어낸다.

이론 vs 실무

위 드라마에서 나온 바와 같이 내근과 현장, 이론과 실무, 화이트칼라와 블루칼라 등 무엇 하나 중요하지 않은 것이 없다. 각각은 서로를 보완하며 공동의 이로움을 추구한다.

현장과 동떨어진 책상머리에서 나온 전략은 사업 실패로 이어지는 자원의 낭비를 가져올 수 있고, 또 전략과 비전 없는 현장

중심의 경영은 장기적인 사업 성장을 이루지 못한다.

그만큼 각각은 서로를 향해야 한다. 즉 밭은 각각의 영역에 자리하고 있어도 자신의 부족한 부분은 항상 반대편에서 찾아야 한다는 것이다.

이론 〈 현장

하사비스는 철저히 현장 중심의 이론가였다. 그는 딥마인드를 세우기까지 현장에 3번 뛰어든다.

그 첫 번째는 고등학교 졸업 후 대학에 진학하지 않고 곧바로 취직한 것이다. 넉넉하지 못한 가정형편 탓도 있지만 평소 컴퓨터와 게임에 관심을 가졌던 그는 '아미가파워'라는 잡지가 개최한 게임 개발대회에 나가 준우승을 차지하는데, 여기서 피터 몰리뉴의 눈에 띄어 그의 회사로 들어가게 된다. 통상 고등학교를 졸업하고 대학교에서 관련 학과를 이수한 뒤에 취업하는 것과는 다른 행보다. 하사비스는 대학의 이론 학습보다는 게임 개발 현장에서 피부로 배우는 길을 선택한 것이다.

그의 두 번째 현장 행보는 케임브리지 대학에서 컴퓨터 과학을 전공한 뒤에 이루어졌다. 그는 이 때 스승 피터 몰리뉴가 있는 라이온헤드에 입사하게 된다. 하사비스는 이곳에서 케임브리지에서 배운 컴퓨터 과학 지식을 총동원하여 희대의 역작인 블랙 앤 화이트라는 갓 게임을 개발하는데, 케임브리지 대학을 들어가기 전에 개발한 신디케이트에서는 볼 수 없었던 인공지능의 절정을 보여준다.

세 번째는 유니버시티 칼리지 런던에서 뇌 인지 과학을 배우

고 구글 딥마인드의 전신인 딥마인드 테크놀로지를 세웠을 때다. 그는 단순히 유저가 즐기는 게임을 개발하는 것이 아닌 그가 대학에서 배운 인간의 뇌를 본떠서 알파고의 전신인 Q-네트워크를 개발한다. 기억과 상상의 메카니즘을 활용한 Q-네트워크는 놀라운 학습 기능을 통해 아타리2600의 49가지 게임을 인간보다 잘하는 능력을 보여준다. 이 기술을 토대로 알파고가 나온 것이다.

이론 〉현장

그렇다고 해서 "현장이지 말입니다."라는 드라마 대사처럼,

하사비스가 현장만을 중시한 것은 아니다. 그는 현장에서 한계에 부딪힐 때마다 대학에서 길을 찾았다.

그가 첫 직장인 불프로그에서 개발한 '테마파크'는 오늘날 타이쿤류 게임 장르의 시초로 평가받는데, 하사비스는 이 때 피터 몰리뉴와 함께 공동 개발자로 이름을 올렸다. 여기까지만 보았을 때도 체스 신동이라 불리며 촉망받던 체스 선수가 게임 개발자로 화려하게 변신한 매우 성공적인 사례였다.

하지만 하사비스는 이러한 성공을 뒤로 한 채 느닷없이 회사를 그만두고 컴퓨터 과학을 공부하기 위해 케임브리지 대학에 입학한다. 게임 개발을 하면서 컴퓨터 공학의 세계에 눈을 뜬 하사비스는 단순히 현상에서 배우는 지식만으로는 인공지능의 넘사벽을 깨뜨릴 수 없음을 깨달은 것이다.

컴퓨터에 대한 완전한 이론적 무장 없이는 자신이 원하는 인공지능을 개발할 수 없다고 판단한 하사비스는 이론적 허기를 채우기 위해 세계적으로 몇 손가락 안에 드는 명문 대학인 케임브리지 대학을 택했다.

이후 자신이 세운 엘릭서 스튜디어를 폐업하고 뇌 인지 과학을 배우기 위해 유니버시티 칼리지 런던에 들어간 것도 보다 확실한 이론을 배우기 위해서다.

15년 이상 게임 개발 현장에 있었던 경험과 케임브리지 대학에서 배운 컴퓨터 공학 지식만으로는 인공지능을 흉내내는 수준밖에 되지 않는다는 생각을 한 것이다.

하사비스는 인간의 뇌에 최대한 근접한 인공지능 개발을 위해서는 컴퓨터 공학 지식만큼이나 인간의 뇌에 대해 제대로 알아야 한다고 판단했다. 실제로 그는 여기서 컴퓨터와 뇌를 결합한 인공지능의 학문적 체계를 완성하게 되는데, 그 결과가 졸업 후 세운 딥마인드에서 개발한 알파고로 나타난다.

학교 vs 기업

하사비스는 구글 딥마인드를 세운 이후에도 대학과 산업 현장 간의 융합을 강조한다. 실제로 딥마인드는 옥스퍼드 대학의 교내 벤처기업인 다크블루연구소와 비전 팩토리를 인수하기도 하는데, 산업 현장의 노하우와 대학 연구소의 이론적 지식을 단기간에 결합시키기 위해서는 인수가 가장 적합한 방식이라고 생각한 것이다.

하사비스는 이를 두고 "학술적인 사고와 스타트업의 사고가 대기업과 합쳐져 놀라운 성과를 만드는 것처럼, 모든 위대한 진보는 서로 이질적인 두 세계가 하나로 결합될 때 탄생한다."고 했다.

구글 딥마인드 vs 구글

거시적인 관점에서는 영국에 본사를 둔 구글 딥마인드와 샌프란시스코에 있는 구글 본사도 각각 연구소와 기업 위치에 있다고도 할 수 있다. 딥마인드 인수 당시 하사비스는 인수 조건으로 연구의 자율성을 100% 보장해줄 것과 영국에 있는 본사에서 한 발자국도 움직이지 않겠다는 조건을 내세운다. 구글 딥마인드도 구글의 자회사로서 하나의 기업이기는 하지만, 인수 조건을 놓고 본다면 구글 본사와 분리된, 거의 독립된 연구소와 다름 없는 것이다.

결국 산학 협동의 시너지는 처음부터 협동하는 데서 나오는 것이 아니라, 각자 자신의 영역에서 최고의 결과물을 만들고 그것들이 결합될 때 나오는 것이라고 할 수 있다.

이론과 현장의 선순환=혁신

앞에서 말한 "현장이지 말입니다."라는 말은 현장이 제일 중요하다는 말이 아니다. 그와 같은 얘기가 나온 배경에는 그만큼 땀 냄새나고 기름 때를 묻혀 가며 열심히 일하는 블루칼라 직군에 대한 사회적 괄시가 있었다. 따라서 현장의 중요성을 역설적으로 표현한 것이 바로 "현장이지 말입니다."다.

하사비스는 그의 삶 전체를 통틀이 대학과 현장을 지그재그로 종횡무진하는 모습을 보여주었다. 답은 언제나 안에서 찾는 것보다 전혀 엉뚱한 다른 곳에서 발견될 때가 많다. 이론에서 막혔을 때는 현장에서 답을 찾고, 현장에서 한계에 부딪힐 때는 이론을 통해 극복하는 것이 맞다.

또한 이것은 단순히 답을 찾거나 한계를 극복하는 것에서 끝나지 않는다. 이론을 현장에 녹이고 다시 현장의 노하우를 이론에 녹이는 선순환의 과정 속에서 혁신의 길도 열린다고 할 수 있다.

은하수를 여행하는
히치하이커를 위한 안내서

여기 재미있는 아이러니가 있다.

엘론 머스크의 경우 하루에 10시간씩 독서하는 책벌레로 유명했는데, 특히 판타지나 공상과학 소설에 열광했다. 그는 스스로 밝혔듯이 그가 가장 좋아하는 책으로 '은하수를 여행하는 히치하이커를 위한 안내서'와 '반지의 제왕'을 꼽을 정도였다.

그런데 과거 체스 챔피언을 꺾은 IBM이 개발한 '딥블루(Deep Blue)'의 경우 그 이름을 '은하수를 여행하는 히치하이커를 위한 안내서'에 나오는 컴퓨터의 이름인 '깊은 생각(Deep Thought)'과 IBM을 상징하는 색인 Blue에서 따왔다고 한다.

마침 하사비스가 세운 회사의 이름이 '딥마인드(Deep Mind)'라는 점에서 역사의 아이러니를 느끼지 않을 수가 없다.

역발상에서 혁신을 찾아라

높이뛰기의 역사를 바꾸다

높이뛰기 미국 대표 선수를 지낸 딕 포스버리(71)는 키가 작고 체격도 왜소한 편이었다. 경쟁자들에 비해 육체적 조건이 너무나 열악했다. 포스버리는 그럼에도 불구하고 1968년 멕시코 올림픽에서 키가 큰 경쟁자들을 제치고 금메달을 차지했다.

그를 바꾼 것은 남다른 사고였다. 경쟁자들이 디딤대를 딛고 앞으로 장대를 뛰어넘을 때, 포스버리는 도움닫기를 한 뒤 등쪽으로 장대를 넘었다. 그의 이러한 높이뛰기 방법은 현재 높이뛰기 선수들이 하고 있는 배면뛰기의 효시가 되었다.

역발상

우리는 이것을 역발상이라고 부른다. 남들이 다 앞으로 장대를 넘을 때 그는 "앞으로 넘지 않고 뒤로 넘으면 안 되는 것일까?" 하는 역발상을 한 것이다.

그리고 그것은 그의 불리한 체격을 극복하고 오히려 장점으로 승화시킬 수 있는 발상의 전환이었다. 결국 그의 역발상은 금메달을 안겨 주었고, 포스버리의 배면뛰기는 현대 높이뛰기 종목에서 표준이 되었다. 그는 표준을 새로 쓴 것이다.

이처럼 역발상은 기존의 한계를 뛰어넘는 혁신을 제공한다.

권선징악을 벗어나다

하사비스가 체스를 떠나 게임 개발을 시작했을 때 그가 개발한 게임을 보면 이전의 게임들과는 다른 새로운 시도가 엿보인다.

첫째, 구태의연한 권선징악의 플롯에서 벗어난다.

신디케이트는 하사비스가 불프로그에 입사하여 최초로 만든 게임이다. 이 게임에서 플레이어는 신디케이트의 요원이 되어 조직원들을 데리고 경쟁 신디케이트와 영역 다툼을 벌이면서 미션을 완수한다. 신디케이트는 마약과 같은 신경 칩을 시민들의 뇌에 심어서 그들에 대한 지배력을 키워나가는 단체다.

당시 이 게임은 큰 인기와 함께 반향을 불러일으켰는데, 기존 게임이 권선징악의 플롯이었다면 이 게임의 주인공은 악당에 가까웠기 때문이다. 미션 완수를 위해서는 상대 신디케이트 조직원이든 경찰이든 시민이든 가리지 않고 몰살 또는 학살했다. 이는 항상 악을 물리치고 선을 행하는 게임에 익숙했던 플레이어들에게 색다른 경험이었고, 그 결과 큰 흥행으로 이어지게 된다.

시점을 바꾸다

둘째, 플레이어의 시점을 1인칭 시점에서 3인칭으로 바꾼다.

기존 게임의 경우 플레이어가 직접 주인공을 조작하는 1인칭 시점의 게임이였다면 그가 두번째로 만든 테마파크의 경우는 3인칭 시점의 게임이었다. 소설로 치면 1인칭 주인공 시점이 아닌 3인칭 전지적 작가 시점이라고 할 수 있다.

'테마파크'는 주인공이 놀이공원의 경영자가 되어 놀이기구를 마음대로 배치하고, 공원과 동선을 설계하여 관람객을 모으는 경영 시뮬레이션 게임이다.

기존의 게임이라면 주인공이 롤로코스터와 같은 놀이기구를 타고 스릴을 즐기는 것에 초점을 맞추었을 것이다. 하지만 테마파크는 제3자의 관점에서 테마파크를 운영하는 것에 포인트를 두었다.

이 게임은 피디 몰리뉴의 영향을 많이 받은 것으로, 피터 몰리뉴가 불프로그를 통해 최초로 만든 파퓰러스라는 게임에서 도입된 것이다. 이는 훗날 롤로코스터 타이쿤과 같은 타이쿤류 게임의 시초가 될 정도로 당시에 큰 반향을 불러일으켰다.

기억과 상상은 하나다

하사비스의 역발상적인 면모는 비단 게임에서만 확인되는 것이 아니다.

엘릭서 스튜디오라는 회사를 폐업하고 들어간 유니버시티 칼리지 런던에서 그는 인지 과학을 전공한다.

당시 기억과 상상은 서로 대립되는 개념으로 이해되던 때였다. 즉 기억은 과거의 회상이고 상상은 새로운 것을 창조하는 활동이었다.

그런데 그는 해마를 다쳐 기억 상실에 걸린 환자들이 새로운

것을 그리지 못하는 점에 착안하여 기억과 상상이 뇌의 같은 부위에서 형성된다는 점을 밝혀냈다. 이는 기존의 통념을 깨는 내용으로 당시 사이언스가 뽑은 2007 획기적인 연구 10건 중 하나로 선정되기까지 했다.

역발상으로 승부하다

이처럼 하사비스는 게임 개발과 뇌 과학에 있어서 역발상적인 사고로 큰 화제를 불러 모았다.

권선징악의 헤게모니를 깬 신디케이트, 주인공의 시점을 바꾼 테마파크로 역대 흥행 기록을 이어갔고, '기억과 상상은 하나다'라는 논문을 통해 뇌 인지 과학에 큰 전기를 마련했다.

그의 이런 역발상은 어디에서 나오는 것일까?

천재의 전유물로 비춰지기까지 하는 역발상은 사고의 전환을 통해 누구든지 가능하다.

역발상의 답은 밖에 있다

대부분의 사람들은 어떤 문제에 부딪혔을 때 그 안에서 답을 찾고자 한다. 주어진 여건과 환경에서 답을 찾기 위해 전전긍긍한다.

하지만 역발상의 기본은 주어진 안에서 답을 찾는 것이 아니라 외부에서 답을 만드는 창조적인 예술 행위에 가깝다. 즉 기존의 제약과 한계에 구애받지 않고 원하는 결론부터 내린 후 그 결론에 맞는 조건식을 찾는 것이다.

스티브잡스의 역발상이 아이폰을 만들다

역발상의 대표적인 예로는 혁신의 아이콘 스티브 잡스를 들 수 있다.

그는 먼저 제품의 외관 디자인부터 그렸다고 한다. 그리고는 그 디자인 시안을 개발자들에게 던진 후 어떻게든 이 안에 원하는 기능을 다 집어넣으라고 주문했는데, 개발자 입장에서는 엄청 곤혹스러웠을 것이다. 스티브잡스가 그린 시안에는 당시 기술로는 구현이 어려운 두께와 이음새를 가진 아이폰이 그려져 있었기 때문이다. 하지만 결국 그들은 성공했고, 전 세계적으로 히트를 친 상품을 내놓게 된다. 기능과 기술보다 디자인이 우선한다는 스티브 잡스의 생각이 맞아떨어진 것이다.

만약 개발자들에게 최대한 슬림하게 아이폰을 만들라고 했다면 그들은 성공하지 못했을 것이다. 하지만 스티브 잡스는 그들에게 완성된 그림을 보여 주었고, 그들은 거기에 맞추었다.

물론 단순히 밀어부치기식 지시가 그것을 가능케 한 것은 아니다. 스티브잡스의 디자인에 대한 신념이 개발자들에게 충분히 전파되고 그들의 공감을 끌어냈기 때문에 가능한 일이었다.

역발상, 내가 가는 곳이 길이다

이처럼 역발상은 인식의 전환에서 나온다. 기존의 정주행에서 벗어나 역주행을 하는 것이다. 필요하다면 유턴도 해야 할 것이다.

그러기 위해서는 새로운 시각과 새로운 접근 방법이 필요하다. 여행은 단지 낯선 장소를 방문하는 것뿐만 아니라, 낯익은 장소를 가더라도 다르게 느낀다면 그 또한 여행인 것이다.

기존의 통념과 고정관념, 상식과 싸워야 한다. 그것들이 가리키는 이정표는 늘 다니던 길을 향하고 있다. 때론 늘 가던 길에서 벗어나 옆 길로도 빠져야 한다. 가다 보면 비포장 길도 나오고 아예 길이 끝나는 지점을 만날 수도 있다. 바로 그 끝나는 지점이 혁신이 시작되는 지점인 것이다.

중요한 것은 가고자 하는 목적지와 추구하는 가치이다. 하사비스에게는 인공지능, 스티브 잡스에게는 디자인이 바로 그랬다.

기존의 길을 버리고 내가 가는 곳이 길임을 잊어서는 안 된다.

엘론 머스크,
딥마인드의 위험에 배팅하다

여기 또 한가지 역설이 있다.

엘론 머스크가 하사비스가 세운 딥마인드의 초기 투자자 중 한명이면서 구글의 레리 페이지에게 소개해준 정도라면 그가 인공지능의 미래에 대해 낙관적으로 생각하는 것은 당연해 보인다.

하지만 그는 그 사실을 한마디로 일축한다. 즉 그는 딥마인드에 투자한 이유에 대해 돈을 벌기 위해서가 아니라 인공지능이 어떻게 발전하는지를 관리, 감독하기 위한 목직이라고 밝힌 것이다. 그는 과거 여러 매체를 통해 인공지능은 잠재적으로 핵무기보다 위험할 수 있으며, 악마를 불러내는 것이라고 묘사하기까지 한다.

이에 하사비스는 엘론 머스크가 너무 성급하게 반응한다며, 이는 생산적인 토론에 도움이 안 된다고 얘기한다. 또한 그들이 인공지능을 잘 모르기 때문에 소설에나 나올 법한 불확신한 미래관을 투영함으로써 불안을 호소하는 것뿐이라며, 이미 군대나 정보기관에 인공지능 기술이 쓰이지 않도록 조치하고 있다는 점을 강조한다.

돈을 벌기 위해서 투자한 것이 아니라 인공지능이 가져올 위험을 관리 감독하기 위해 투자했다는 엘론 머스크나, 투자자 앞에서 자신의 소신을 거리낌없이 얘기하는 하사비스가 같은 부류로 보이는 것은 왜일까?

사람을 향하라

마이크로소프트사의 손을 뿌리치다

하사비스는 스타트업을 운영하면서 3번의 인수 제안을 받았다. 처음 받은 제안은 마이크로소프트(MS)가 엘릭서 스튜디오를 인수하겠다는 것이었다. 하지만 자신만의 기업을 갖고 외부의 간섭 없이 게임을 개발하고 싶었던 하사비스는 이를 거부했다. 그의 스승 중 한 명인 피터 몰리뉴가 MS와 손 잡은 것과는 대조적인 선택이다.

이후 하사비스는 MS, EA, 액티비전 등 거대 배급사 위주로 돌아가는 비디오 게임 업계에서 인디 게임 개발사가 설 자리는 없다고 판단하고 게임 업계를 떠났다.

페이스북의 제안을 거부하다

하사비스가 두 번째로 받은 제안은 딥마인드를 인수하고 싶다는 페이스북의 제안이었다.

하지만 하사비스는 마크 저커버그와 페이스북은 인공지능보

다 사람들을 연결하는 것(소셜)에 더 관심이 많아 보인다며 이 제
안을 거부했다.

훗날 알파고가 이세돌 9단과의 대국에서 3연승을 기록한 날,
마크 저커버그는 알파고의 승리에 축하 인사를 보냈다. 저커버그
는 자신의 페이스북 계정을 통해 "바둑 세계 챔피언인 이세돌 9단
을 상대로 3연승을 기록한 구글 딥마인드에 축하 인사를 전한다."
며, "이는 AI 연구의 기념비적인 사건으로, 우리는 현재 아주 흥미
로운 시기에 살고 있다."고 밝혔다. 저커버그는 구글의 성과에 찬
사를 보내면서도 자사의 AI 연구팀을 독려하기 위한 목적에서 이
같은 글을 남긴 것으로 분석된다.

알파고 대 페이스북 대결?

실제로 페이스북 AI 연구 그룹장인 얀 르쿤은 알파고의 승리
를 축하한다면서도 자신의 페이스북 계정을 통해 "기록된 경기를
학습해서 발전하는 것이 아니라, 순수하게 강화 학습을 통해 발전
할 수 있을까?"라고 반문했다. 이는 알파고의 3,000만 개에 달하
는 과거 기보 입력을 통한 정책망 딥러닝 강화학습을 두고 한 말
로 풀이된다. 혹자는 구글의 알파고와 페이스북의 바둑 프로그램
간의 대결을 암시한 것은 아닌지 의심하기도 한다. 하지만 이미
하사비스가 지난 1월에 "알파고와 페이스북 바둑 프로그램 간의
대결 계획이 있느냐."는 한 외신의 질문에 거절의 의사를 밝힌 바
있어 기대하기 어렵다.

구글의 손을 들어주다

하사비스가 세 번째로 받은 제안은 구글의 딥마인드 인수 제안이었다.

기술 개발 자체를 중시하는 래리 페이지와 구글의 비전에 동의한 하사비스는 이 제안을 승낙했다. 구글의 딥마인드 인수 비용은 5,000억 원(4억 달러 이상으로 추정)이 넘는 것으로 알려져 있다.

구글의 래리 페이지는 딥마인드 인수 당시 "우리의 기술과 자금, 조직을 마음껏 써도 좋다. 당신은 세계 최고의 인공지능 개발에만 집중해 달라."고 제안해서 하사비스의 마음을 샀다.

"구글이라는 큰 기회를 마음껏 활용해 보면 어떨까요?"

사실 구글의 페이지가 처음부터 딥마인드를 주목한 것은 아니다. 그가 딥마인드를 알게 된 것은 초기 투자자 중 한 명이면서 페이지의 친구인 테슬라 회장 엘론 머스크를 통해서였다.

머스크를 통해 알게 된 하사비스의 얘기는 페이지의 관심을 끌기에 충분했다. 어렸을 때 체스 챔피언 2위 자리에 오른 데다가 컴퓨터 공학과 인지 과학까지 전공한 괴짜에게 관심을 갖지 않는다면 도대체 누구에게 관심을 갖겠는가?

첫 만남에서 하사비스는 페이지의 마음을 단박에 사로잡았다. 가뜩이나 인공지능 부문에서 IBM에 밀리고 있다는 위기의식을 가지고 있던 페이지였다. 당시 IBM은 왓슨이라는 인공지능을 통해 의료, 법률 등 다양한 분야에서 상용화되어 선도기업의 자리를 굳건히 하고 있었다.

이 와중에 컴퓨터 공학과 인지 과학으로 무장한 하사비스의 식견은 페이지의 갈증을 풀어주기에 충분했다.

자율 아니면 죽음을 달라

물론 그렇다고 해서 협상이 순탄했던 것은 아니다. 하사비스는 인수 금액도 금액이지만 결코 물러설 수 없는 3가지를 페이지에게 요구한다.

첫째는 연구에 대한 100% 자율권이다.

이 부분은 페이지 입장에서 다소 난감하게 비춰질 수 있다. 페이지도 과학자 출신이라 하사비스의 요구가 무엇인지는 알지만, 페이지는 구글의 최고 경영자이기도 했다. 기업 논리에 따라 연구 방향을 조정할 경영상의 판단이 필요할 수도 있는데, 처음부터 100% 자율권을 보장하라니 부담을 느낄만 했다.

글로벌 기업 구글 vs 영국

둘째는 인수되더라도 딥마인드 본거지인 영국 런던에서 한 발짝도 움직일 수 없다는 것이었다.

당시 딥마인드는 70여 명 남짓한 직원을 둔 작은 벤처기업이었지만 인공지능 분야에서 최고의 인재들이 모여 있었다. 2014년에 딥러닝 분야의 전문가는 세계적으로 50여 명에 불과했는데, 이 중 10명 이상이 딥마인드에 근무를 하고 있었으므로 누구든지 눈독을 들일만 했다.

그래서 그들은 누구보다도 자존심이 강했고, 구글의 회사 인수로 인해 생활권을 옮기는 것에 대한 이들의 반발을 고려했기 때

문에 하사비스는 그와 같은 요구를 했을 것이다. 또한 거기에는 민족적 자긍심도 작용했다. 이세돌과의 대국 내내 알파고의 이름 아래에 영국 국기가 붙어 있었으니 말이다.

윤리는 기술에 우선한다

셋째는 자신들이 개발하는 초 고성능 인공지능을 위해 구글 사내에 'AI 윤리 이사회' 설치를 요구한다.

사실 이러한 요구를 인수 대상자가 한다는 것은 생뚱맞은 부분일 수 있다. 보통 기업간 인수 합병과 관련한 협상이라고 하면 인수 비용이나 인력 처우 문제 등이 나오는 것이 일반적이기 때문이다. 당장 돈이 오가는 것도 아닌 윤리 이사회라니, 가히 괴짜 집단의 제안이라고 할 만하다.

신의 한 수! 제안을 수용하다

하지만 구글 최고 경영자인 래리 페이지는 하사비스의 모든 요구를 전격 수용한다. 그것도 그 당시 유럽에서 추진한 인수 합병 규모 중 최대 규모인 4억 6,500만 달러로 말이다. 이에 미국 온라인 매체 테크인사이더는 구글의 딥마인드 인수를 '황당한 인수 10개' 중 하나로 꼽기도 했다. 그도 그럴 것이 당시 딥마인드는 딱히 이렇다 할 수익을 내지 못하고 있었다. 그런데 그렇게 거금을 주고 인수를 하다니, 황당하게 보일만 했다. 그러나 페이지 입장에서는 사람을 보고 투자한 것이다.

하지만 오늘날 알파고의 승리로 인해 구글이 얻은 반사이익을 고려한다면 페이지의 딥마인드 인수는 신의 한 수였다고 할 수 있다.

하사비스의 선택

여기서 명확히 해야 할 것은 딥마인드는 선택 당한 것이 아니라, 선택을 했다는 점이다. 즉 하사비스가 선택을 한 것이다.

하사비스의 선택을 보면 '자율성'을 중시하였음을 알 수 있다. 엘릭서 스튜디오를 운영할 당시 MS의 제안을 거절한 이유도 그렇고, 구글의 인수 제안에 대한 첫 번째 요구사항도 연구의 자율성이었으니 말이다.

창의적인 일을 해야 하는 개발자에게 '연구의 자율성'은 목숨

과도 바꿀 수 없는 가치였을지 모른다. 개발자 출신인 하사비스는 이 사실을 누구보다 잘 알고 있었을 것이다.

사람을 향하다

하사비스는 같이 일하는 '사람들'이 마음 놓고 연구에 몰두할 수 있도록 연구의 자율성을 요구 조건의 1순위로 꼽았다. 또한 그들이 생활에 불편함을 느끼지 않도록 삶의 연속성을 지켜주고자 했으며, 'AI 윤리 이사회' 설치를 통해 '사람'을 위한 인공지능 개발이 목표라는 것을 분명히 했다.

결국 그의 요구는 '사람'을 향하고 있었다. 기술도 자본도 모두 사람에게서 나오며, 그것은 대체 불가능한 가치다. 그 가치를 하사비스는 어떠한 다른 가치보다도 최우선으로 생각했다.

인공지능이 인류를 지배한다는 우려가 싹 가시는 대목이다.

위인의 필요 충분 조건

오늘날은 엘론 머스크나 하사비스와 같은 사람들이 시대를 선도한다. 그 두 사람의 공통점을 본다면 어린 시절 창의적인 생각에 몰입하였다는 점과 이종간의 결합을 통해 혁신의 기회를 끊임없이 찾았다는 것이다.

물론 이 두 가지가 위인의 필수 조건은 아니다. 왜냐하면 이세돌 9단처럼 묵묵히 한 길만을 간 사람 중에서 오히려 더 많은 위인이 나온 것이 분명하기 때문이다.

하지만 지금과 같은 디지털 컨버전스 시대에는 한 우물을 파는 것보다 이종간의 융합 속에서 혁신을 찾아야 한다. 시대가 원하는 인재상이 바뀌고 있는 것이다.

위인의 필요 충분 조건

욕망을 디자인하라

좋아하는 일을 하라

사람들은 자신이 좋아하는 일을 해야 한다. 그것이야말로 행복의 길이기 때문이다. 하지만 대부분의 사람들은 생계를 위해 혹은 다른 무언가를 위해 자신이 좋아하는 것을 포기하고 산다. 심지어는 자신이 좋아하는 것이 무엇인지도 모른 채 살아가는 사람들도 있다.

딴지일보의 총수라고 알려진 김어준 대표는 청춘 페스티벌에서 "자기 욕망의 주인이 되라!"는 말을 했다.

즉 자신이 어떻게 살아야 할지 모르는 사람들은 그동안 타인의 욕망을 충족시키기 위해 살다 보니 자신의 욕망이 무엇인지를 모른다는 것이다. 내가 어떤 일을 했는데 타인이 그것에 대해 기뻐하므로 나중에는 그 일이 싫더라도 기뻐하는 타인의 욕망을 위해 자신의 욕망을 희생하더라는 말이다.

이런 일이 반복되다 보면 정작 자신이 무엇을 좋아하는지도 모르고, 나중에 무엇을 하고 싶은지조차 모르게 된다고 한다. 자

신의 인생이 아닌 남의 욕망과 남을 만족시키기 위해 인생을 산 결과는 결코 좋을 수가 없다.

하사비스는 자기 욕망의 주인이었다

그런 점에서 하사비스야말로 철저히 자기 욕망의 주인이었다고 할 수 있다.

하사비스는 어렸을 때부터 체스 신동 소리를 들으며, 세계 체스 대회 2위까지 오른 전력이 있다. 그런 그가 체스계를 떠나 게임 개발자가 된다고 했을 때 주위의 반대가 없었겠는가. 그것은 비단 그의 가족이나 친구에만 국한되는 것이 아니다. 그를 지켜보던 많은 팬들의 기대 또한 저버리는 것이었다.

만일 하사비스가 그런 그들의 기대와 욕망을 충족시켜 주기 위해 게임 개발의 첫 발을 떼지도 못한 채 체스의 길을 계속 갔다면 오늘날의 알파고는 없었을 것이다.

하지만 그는 철저히 자신의 욕망을 따라갔다. 어렸을 때부터 체스 못지 않게 컴퓨터와 게임에 관심을 가졌던 그는 게임 개발을 하면서 체스를 할 때와 다른 행복감을 느낀 것이다. 그는 자신의 행복을 좇아 그 길을 따라갔고 결국 오늘날의 하사비스가 되었다.

타인의 욕망과 나의 욕망을 구분하라

지금까지 살면서 주위의 모든 반대를 무릅쓰고 자신만의 결정을 내린 적인 한번이라도 있는지 자문해보기 바란다. 만약 그런 적이 한번이라도 있다면 바로 그 순간만큼은 철저히 자기 자신이 욕망의 주인이었던 셈이다.

남의 욕망을 채워주며 살다 보면 그것이 자신이 욕망인지 타인의 욕망인지 구분하지 못할 때가 있다. 말하자면 남의 욕망을 충족시켜 주는 것이 곧 나의 욕망을 채우는 것이라고 받아들이는 것이다.

물론 그것에서 행복을 느끼고 삶의 의미를 찾는다면 그 또한 자신의 인생을 사는 것이라고 할 수 있다. 하지만 무언가 알 수 없는 답답함과 불행하다는 느낌을 받는다면 그것은 제대로 사는 것이 아니다.

타인의 욕망에 자신의 욕망이 희석되어 있는 것이다. 지금이라도 타인의 욕망을 걸러내야 한다. 순수하게 자신이 원하는 것이 무엇인지를 찾아야 한다. 마치 모래 속에서 다이아몬드 원석을 찾듯이 말이다.

사실 이것이 말처럼 쉽지는 않다. 왜냐하면 태어나면서부터 자기도 모르는 사이에 타인의 욕망이 스며들기 때문이다.

그 첫 번째 타인은 말할 것도 없이 엄마다. 아기 때는 엄마가 웃는 것이 좋아서 눈을 맞추며 방긋 웃어주었을 것이고, 유소년기에는 좋은 성적표를 보여주기 위해 밤늦도록 공부도 했을 것이다. 또 커서는 부모의 걱정을 덜기 위해 원하지 않는 대학, 원하지 않는 직장에 취업했을지도 모른다.

하지만 이제는 엄마든 그 누구든, 자기도 모르는 사이에 자신의 안방을 차지하고 앉아 있는 타인을 반드시 내쫓아야 한다.

당장 하라

또한 김어준은 청춘 페스티벌에서 "자신이 무엇을 해야 행복한 지를 알았다면 그것을 당장 실행하라!"고 한다. 즉 당장 행복해지라는 것이다.

대개의 사람들은 행복을 유보한다. "나중에 시간이 되면, 나중에 돈이 모이면" 이런 식으로 말이다. 하지만 앞 일을 기약할 수 없는 것이 인생이다. 그토록 기다리던 나중은 영영 찾아오지 않을지도 모른다.

그래서 당장 할 수 있는 것부터 찾아서 그것부터 하라고 말하는 것이다. 설사 그것이 실패하더라도 자신이 원하는 것을 했으니 후회할 일도 없지 않겠는가.

따라서 자신이 원하는 대로 무작정 지르는 것도 나쁘지 않다. 지르고 나서 수습하는 것이다. 물론 그것이 쇼핑중독처럼 돈을 낼 능력도 안 되는데 무작정 지르는 식이 되서는 곤란하다. 자신이 감당할 수 있는 것을 해야 한다.

JUST DO IT

하사비스의 경우도 마찬가지다.

그가 체스를 떠나 게임 개발자로 갔을 때만 해도 그는 세계 랭킹 2위까지 올라갈 정도로 촉망받던 선수였다. 또 그가 게임 개발사를 나와 컴퓨터 공학을 배우기 위해 케임브리지 대학에 들어갔을 때도 신디케이트, 테마파크의 잇따른 흥행 성공으로 게임업계에서 이름을 날리던 때였다.

그는 한창 잘 나가던 시기에 모든 것을 내려놓고 자신이 하고 싶은 일을 쫓은 것이다.

정상에 서면 안주하고 싶은 것이 인간이다. 하지만 그는 자신이 이룬 것을 향유하며 즐기는 것보다는 항상 자신이 하고 싶은 것을 하기로 결정했다.

하사비스 유턴하다

사실 하사비스의 결정은 인생이라는 길에 있어 좌회전, 우회전도 아니고 거의 유턴에 가까운 결정이다. 대부분의 사람들이 일생에 한두 번 할 결정을 그는 몇 번이고 내린 것이다.

어쩌면 그야말로 모든 신호등을 무시하고 자신의 길을 스스로 닦았다고 할 수 있다.

물론 그 과정에서 전혀 갈등이 없었다고 하면 거짓말일 것이다. 그것을 반대하는 사람들과의 갈등에서부터 그것을 잘할 수 있을까라는 스스로의 의문도 그를 막아섰을 것이다.

하지만 그는 더 큰 자신의 욕망을 위해 당장의 욕망을 제어했다.

자신을 알고 당장 하라

김어준 대표의 말처럼, 또 하사비스가 그래왔던 것처럼, 스스로 자신의 욕망을 알고 그것을 좇아 당장 찾아 나서야 한다.

왜냐하면 사람은 언제 죽을지 모르기 때문이다. 오늘 죽을 수도 있고 내일 죽을 수도 있는 것이 인생이다. 남의 욕망과 남의 인생을 위해 살기에는 인생은 너무나도 짧고 기약하기 어렵다.

오로시 자신의 인생을 자신이 살아야 한다. 남의 손에 자신의 인생을 맡기는 것만큼 어리석은 일은 없다.

거꾸로 자신을 돌아봐라

그리고 거꾸로 자신의 욕망을 위해 누군가의 욕망을 희생시키고 있지는 않은지 돌아봐야 한다. 즉 나의 기대를 채우기 위한 욕망으로 상대방에게 그 길을 강요해서는 안 된다.

그것이 결국 자신의 욕망을 지키는 셈이다. 아무리 가까운 사이라 하더라도 각자가 자신의 욕망을 따라 갈 때 더욱 발전적인 관계가 될 수 있다.

그렇게 하지 않고 자신의 욕망을 강요한다면 상대방을 불행하게 만들뿐만 아니라, 결국 자신마저도 불행해진다는 사실을 잊어서는 안 된다.

옳은 욕망을 추구하라

끝으로 한가지를 더 추가한다면 옳은 욕망을 추구해야 한다는 것이다. 이것은 어쩌면 당연한 얘기인지도 모른다.

자신의 욕망이 공공의 선을 해한다면 그 욕망은 버려야 한다. 즉 눈 앞의 물건을 가지고 싶다고 도둑질을 해서는 안 된다는 것이다. 정당한 방법으로 욕망을 행사해야 한다.

그리고 더 나아가서는 자신의 욕망 실현을 통해 타인의 욕망을 채워 줄 수 있다면 그만큼 값진 일도 없을 것이다.

하사비스가 인공지능에 대한 자신의 욕망을 좇아 온 것이 인류에게 발전과 행복을 가져오는 것처럼 말이다.

영감을 주는 멘토를 만나라

멘토는 오디세이아에서 나왔다

하사비스의 대표적인 멘토는 피터 몰리뉴라고 할 수 있다.

멘토란 경험이 없는 사람에게 오랜 기간에 걸쳐 조언과 도움을 베풀어 주는 유경험자를 일컫는 말로, '멘토'는 유명한 고전 오디세이아에 나오는 사람 이름이다. 이 사람은 오디세우스의 부탁을 받아 그가 전쟁에 나가 있는 10년 동안, 그의 아들을 때론 스승으로, 때론 친구나 아버지로서 충실히 돌봐주게 된다. 이후 멘토라는 그의 이름은 한 사람의 일생에 있어 지혜와 신뢰로써 이끌어 주는 지도자와 같은 의미로 사용되게 된다.

이러한 점에서 피터 몰리뉴야말로 하사비스에게 있어서 진정한 멘토였다고 할 수 있다.

피터 몰리뉴

하사비스가 피터 몰리뉴를 알게 된 것은 그가 개발한 '파퓰러스'라는 게임을 통해서였다. 파퓰러스는 당시 불프로그라는 게임 개발 회사 대표였던 피터 몰리뉴가 만든 게임으로, 일명 갓게임으로 알려진 게임이다.

하사비스는 14살의 나이로 당시 세계 체스 챔피언 2위까지 오르는 등 체스 신동으로 이름을 떨치던 때였다. 그때 하사비스는 체스 이외에 컴퓨터 게임에도 빠져 있었고, 자신이 직접 신이 되어 게임 속 세상을 지배하는 피터 몰리뉴의 파퓰러스라는 게임은 어린 하사비스의 눈을 매료시키기에 충분했다.

이후 하사비스는 피터 몰리뉴를 찾아가 그의 밑에서 게임 개발을 하고 싶다는 의욕을 내비쳤고, 그의 잠재력을 알아본 피터 몰리뉴는 하사비스를 채용하기에 이른다.

10년 가까이 몰리뉴와 함께 하다

불프로그 입사와 동사에 하사비스는 촉망받는 체스 신동에서 벗어나 게임 개발자로서의 길을 걷게 된다. 이 시기는 하사비스에게 있어서 중대한 변곡점이 된 시기라고 할 수 있다. 이후 하사비스는 피터 몰리뉴와 함께 신디케이트, 테마파크와 같은 게임을 개발하고, 케임브리지 대학을 나와서는 다시 피터 몰리뉴에게 돌아가 희대의 역작 블랙 앤 화이트를 개발하게 된다. 블랙 앤 화이트를 끝으로 하사비스는 피터 몰리뉴로부터 독립하여 엘릭서 스튜디오라는 회사를 차리게 되는데, 결국 고등학교 졸업 후 거의 10여 년 가까이 피터 몰리뉴와 함께한 셈이다.

피터 몰리뉴는 하사비스보다 17살이나 더 나이가 많았는데, 하사비스에게 있어서 몰리뉴는 단지 회사 사장을 떠나 스승이자 친구, 그리고 멘토였다.

하사비스와 피터 몰리뉴

피터 몰리뉴는 하사비스의 멘토로써 그에게 지대한 영향을 끼치게 된다. 무엇보다도 하사비스가 체스를 그만두고 게임 개발자로 나서기까지는 피터 몰리뉴의 역할이 컸다. 만일 그가 갓 고등학교를 졸업한 하사비스를 뽑지 않았다면 하사비스는 인공지능 개발자가 아닌 체스 선수의 길을 갔을지도 모른다.

또한 그는 하사비스가 신디케이트, 테마파크를 개발하고 케임브리지 대학 진학을 위해 회사를 그만두겠다고 했을 때 그의 선택을 존중해 주고 하사비스의 앞날을 축복해 주었다.

또 하사비스가 대학 졸업 후 다시 그가 세운 라이온헤드 스튜디오에 들어온다고 했을 때도 마치 기다렸다는 듯이 그를 받아들이게 된다.

이런 점에서 피터 몰리뉴는 하사비스의 가능성을 조기에 발견하고 그의 진로를 열어준 장본인이자, 그의 든든한 후견인 역할을 한 셈이다.

하사비스, 몰리뉴의 영향을 받다

또한 피터 몰리뉴는 하사비스에게 많은 영감을 준 인물이다. 피터 몰리뉴가 당시 개발한 게임은 기존 게임을 답습한 게임이 아니었다. 그가 개발한 게임들은 모두 그 당시에 나오는 게임 스타일을 뒤엎는 혁신적인 게임이었다. 그가 만든 게임들은 훗날 쿼터뷰 게임이나 디펜스 게임 등에 지대한 영향을 주게 되는데, 그것은 오늘날 피터 몰리뉴를 세계적인 게임 거장으로 부르는 이유이기도 하다.

그런 점에서 하사비스가 컴퓨터 공학과 인공지능을 결합한 알파고와 같은 혁신적인 기술을 선보이게 된 배경에는 피터 몰리뉴가 있었다고 해도 과언이 아니다.

또한 그는 어린 하사비스에 성공 경험을 안겨준 인물이기도 했다. 특히 어린 나이에는 성공 경험을 쌓는 것이 무엇보다 중요한데, 성공 경험이야말로 훗날 자신감을 형성하는데 중요한 역할을 하기 때문이다.

하사비스는 그와 일하는 동안 단순히 혁신적인 게임을 만드는 것이 아니라, 신디케이트, 테마파크, 블랙 앤 화이트와 같은 역대 히트작을 잇따라 만들어내면서 엄청난 자신감을 얻게 된다.

멘토는 필요하다

그런 점에서 한 사람의 일생에 있어 멘토는 매우 중요하며 필요한 존재임을 알 수 있다. 물론 멘토의 도움 없이 혼자서 자신의 앞날을 개척해 나가는 사람도 있을 것이다. 다만 그 길에 있어 멘토가 있다면 수많은 시행착오를 줄이고 자신의 꿈을 더 일찍 달성하는 등의 도움을 받을 수 있다.

멘토가 자신보다 나이가 많으냐 적으냐는 문제가 되지 않는다. 무엇인가 나에게 긍정적인 영향을 주는 사람이면 누구나 멘토기 될 수 있으며, 꼭 한 명이 아니어도 상관없다.

멘토를 통해 기대할 수 있는 것은 크게 세 가지다.

멘토는 장단점과 가능성을 열어준다

첫째, 멘토는 자신의 장단점과 가능성을 확인시켜 주는 사람이다. 이것은 굳이 멘토가 아니더라도 친한 친구들에게서도 기대할 수 있는 부분이다. 특히 아직 나이가 어리거나 정서적으로 미숙한 시기에 있는 사람들에게는 이런 멘토가 반드시 필요하다. 그래서 저학년 때는 학교 선생님들이 멘토 역할을 많이 하기도 한다. 하사비스의 경우 갓 고등학교를 졸업하고 피터 몰리뉴를 만나지 못했다면 자신이 가진 공학적 열정과 잠재력을 평생 모르고 살았을 수도 있다.

멘토는 영감을 불러일으켜준다

둘째, 멘토는 자기가 하는 일에 대해 영감을 주는 사람이다. 예술가들에게는 멘토라는 표현보다 뮤즈라는 표현을 쓰기도 한다. 굳이 어떤 지식이나 노하우를 전해주지 않더라도 영감을 주는 멘토는 그동안 미처 생각하지 못했던 참신한 아이디어를 주거나 새로운 시각으로 접근할 수 있도록 도와준다.

멘토는 후원자다

셋째, 멘토는 힘이 들 때 말없이 응원하고 지지해 주는 사람이다. 일을 하다 보면 난관이나 한계에 부딪힐 때가 있기 마련이다. 또는 너무 지쳐서 중도에 포기하고 싶을 때도 있다. 이런 때 말없이 지지해 주고 일으켜 세워 주는 멘토가 필요하다.

하사비스가 입사 후에 대학교에 진학한다고 했을 때 그를 응원해 주고 또 학교를 나와서 다시 찾아왔을 때 그를 받아준 피터 몰리뉴가 없었다면 하사비스는 그저 그런 개발자로서의 삶을 살았을지도 모른다.

멘티에서 멘토로

이런 세 가지 조건을 모두 갖춘 멘토를 만날 수 있다면 좋겠지만, 설사 한두 가지 조건만 맞는 멘토라 하더라도 따라야 한다.

그리고 운 좋게 그런 멘토를 만났다면 나중에는 멘토의 그늘에서 벗어나 독립해야 한다. 언제까지나 멘토가 자신의 곁에 있어주는 것은 아니기 때문이다. 또한 더 나아가 일취월장해야 한다. 멘토에게서 받은 것에 자신만의 것을 녹여서 그 이상의 무언가를

만들어내야 한다. 하사비스가 피터 몰리뉴에게서 벗어나 그만이
알고 있는 인지 과학 지식을 통해 딥마인드 회사를 세우고 알파
고를 만든 것처럼 말이다. 그리고 훗날에는 자신이 멘토가 되어야
한다. 그래서 자신이 멘토에게서 받은 것과 똑같이, 혹은 그 이상
으로 멘티에게 해줘야 한다.

이런 선순환 문화가 사회적으로 자리잡을 때 우리의 세상은
더욱 발전하고 미래는 밝아질 것이다.

스토리텔링으로 승부하라

인공지능이라고 쓰고 바둑이라 읽는다

하사비스는 실로 입담 좋은 스토리텔러라고 할 수 있다. 여기서 말하는 스토리렐링은 프리젠테이션을 잘하는 것과는 구별된다.

하사비스는 인공지능이라고 쓰고 우리에게 바둑이라고 읽어주었다. 만일 그가 우리에게 인공지능의 딥러닝 강화학습, 정책망, 가치망, 컨볼루션 신경망 이런 이야기를 들려주었다면 우리가 관심과 흥미를 가졌을까? 또 그가 인공지능 기술 개발을 통해 향후 전 세계에 영향을 주는 기후 문제나 의료 문제를 풀겠다고 우리에게 말한다면 우리는 과연 귀담아 들었을까?

물론 이러한 사실은 같은 인공지능 학문 분야를 연구하고 있는 사람이나, IT, 과학 기사면의 한줄 기사로는 관심을 끌 수 있었을지 모른다.

하사비스는 스토리텔러다

하지만 하사비스는 그렇게 하지 않았다. 어떤 공학적 이론이나 설명을 하려 하지 않았다. 단지 알파고를 가져와서 이세돌 9단에게 도전장을 내밀었을 뿐이다.

그런데 결과는 어떠했는가. 우리나라뿐만 아니라, 전 세계의 관심과 이목을 한 몸에 끌었다. 연일 대국 상황이 생중계되고 인공지능에 대한 기사가 쏟아져 나왔다.

심지어는 이세돌 9단 대 알파고의 경기가 아닌 인간 대 기계의 싸움으로까지 비화되어 인간의 자존심 싸움 양상으로도 전개되었다.

결국 알파고의 승리로 끝이 났지만, 알파고 신드롬이라는 말이 등장할 정도로 엄청난 반향을 가져왔다. 이세돌은 갓세돌이 되었으며, 하사비스 역시 알파고의 아버지, 인공지능의 대가로 추앙받았다.

스토리는 사람의 흥미를 끈다

하사비스의 이런 힘은 스토리에서 나왔다고 할 수 있다. 그는 인공지능에 대한 복잡한 설명 대신 알파고와 이세돌 9단의 대결 이야기로 인공지능을 포장했다. 나아가 인간과 기계의 대결 구도로 상황을 만들어갔다.

그는 어쩌면 이번 대국에서 각본, 연출, 감독, 제작까지 맡은 사람이라고 할 수 있다. 관객 앞에서 무대에 알파고와 이세돌 9단을 올리고 매 대국 때마다 드라마틱한 멘트와 상황 연출로 사람들의 흥미를 돋우었다.

스토리텔링의 대가 클라우스 포그는 스토리텔링의 요소로 메시지, 갈등, 인물, 플롯 네 가지를 든다. 그런 의미에서 이번 대국은 알파고 대 이세돌 9단의 대결이라는 갈등과 다섯 번의 대국을 통한 플롯, 그리고 인공지능이 인류를 위협한다는 메시지, 이 네 박자를 모두 갖추었다고 할 수 있다.

그 결과 대국이 끝난 후 하사비스의 다음 이야기까지도 사람들의 흥미를 끌었다. 그가 대국이 끝나고 나서 "알파고는 목적이 아니며, 이 기술을 기후와 의료 문제를 해결하는데 쓰겠다."고 했을 때 모두가 그의 이야기에 귀를 기울였다.

스토리는 힘이 있다

아무리 좋은 제품도 사람들이 몰라주면 의미가 없다. 즉 아무리 하사비스의 인공지능 기술이 특출나다고 하더라도 사람들의 관심을 끌지 못한다면 기술로서의 평가 가치는 떨어지게 마련이다.

왜냐하면 하사비스만이 인공지능을 개발하고 있는 것이 아니기 때문이다. 이미 인공지능은 IBM의 왓슨 등 여러 경쟁사들이 참여하고 있으며, 경쟁 환경이 갈수록 치열해지고 있다.

그런 점에서 하사비스가 알파고를 통해 주변의 관심을 끌고 흥행을 이끌어낸 것은 분명 성공적인 일이다. 기술의 우수성은 둘째치고라도 말이다. 실제로 구글은 이번 대결로 선발주자인 IBM 왓슨을 제치고 인공지능을 선도하는 업체라는 이미지 변신에 성공했다.

스토리의 힘을 알 수 있는 대목이다.

스토리가 시청률을 결정한다

특히 경쟁업체인 IBM 입장에서는 뒤통수를 맞은 격이다. 이미 이런 형태의 스토리텔링으로 IBM은 두 차례나 흥행 몰이를 한 경험이 있기 때문이다.

슈퍼 컴퓨터 딥블루를 통해 세계 체스 챔피언을 꺾은 것도 그렇고, 인공지능 왓슨을 통해 역대 퀴즈 우승자들을 꺾고 퀴즈왕이 된 것도 그렇다.

자신이 했던 똑같은 스토리로 나선 구글에게 인공지능 부문 시청률 경쟁에서 밀린 것이다.

즉 스토리는 주체를 바꿔가며 무한 복제가 가능하다. 오히려 스토리는 다른 이야기가 더해져 더 강력한 스토리가 되기도 한다.

스토리텔링은 메시지다

스토리텔링을 잘 하기 위해서는 전하고자 하는 메시지가 강력해야 한다. 중요한 것은 여기서 전달하고자 하는 것이 지식이나 정보가 아닌 메시지라는 것이다.

하나의 약초를 홍보한다고 가정해 보자. "이 약초는 발암 억제 성분이 들어 있어 위암 예방 약품으로 효과가 크다."라고 설명하는 것은 지식 전달이다. 반면 이렇게 얘기하는 사람도 있다.

"우리 할머니가 위암 판정을 받고 나서 투병 생활이 시작되었는데, 지인의 소개로 이 약초를 달여 먹다가 몇 달 지나서 병원을 다시 찾았더니 의사가 몰라보게 좋아졌다고 무척 놀라더라."

만약 당신이라면 누구의 이야기가 흥미를 끌어 그 약초를 소개하고 싶다는 생각이 들겠는가?

사람의 마음을 움직이는 것은 메시지다. 즉 정보나 지식이 사람의 머리를 움직이더라도 결국 마음을 움직이는 것은 메시지라는 것이다.

스토리를 팔다

그래서 기업들은 광고 전략을 짤 때 단순히 제품의 효능을 홍보하는 것이 아니라, 그 제품을 이용한 소비자들의 후기 등을 가지고 스토리텔링하는 방식을 많이 취한다.

즉 소비자에게 제품을 파는 것이 아닌 제품이 담긴 스토리, 나도 그 사용 후기처럼 효능을 볼 거라는 스토리를 사도록 만드는 것이다.

다른 경우로, 비슷한 가격대의 A, B, C사에서 나온 골프채가 있다고 가정해 본다면, 박세리가 지난 번 대회에서 A사의 골프채를 쓴 이야기를 들은 사람이라면 응당 A사의 골프채에 손이 갈 것이다.

게다가 우리는 매일 새로운 제품을 만나고 있다. 이런 상황에서 하나의 제품을 선택할 때 모든 제품의 정보를 살펴보고 고를 수는 없다. 어디서 귀동냥으로 들었거나 어디선가 본 듯한 제품, 그것이 설사 TV광고를 통해 본 제품이라고 하더라도 그 제품에 눈길이 더 갈 수밖에 없는 것이다.

즉 기업의 브랜드 이미지 등 기업 활동의 모든 것이 스토리텔링의 대상이라고 할 수 있다.

스토리는 필수이다

그만큼 스토리텔링은 선택의 문제가 아니라 필수이다. 단순히 기업뿐만 아니라, 개인의 입장에서도 마찬가지다.

면접을 본다고 가정해 본다면, 회사 입장에서는 같은 스펙이면 무언가 스토리가 있는 듯한 지원자에게 눈이 더 갈 수밖에 없다. 이력서나 자기소개서에 나온 내용만으로는 지원자를 다 파악할 수 없는 상황에서 면접관의 질문에 스토리를 더해 자신의 삶을 이야기하는 지원자에게 신뢰감을 가질 수밖에 없는 것이다.

그만큼 기업이나 개인에게 있어 스토리텔링은 생존전략이라고 할 수 있다.

스토리텔링으로 세상을 바꾸다

하사비스의 경우도 인공지능 회사의 대표이자 개발자로서 연구소에 틀어박혀 인공지능만 개발했다면 오늘날 그를 기억하는 사람은 많이 없을 것이다. 인간과 인공지능의 세기의 대결이라는 스토리를 우리에게 들려주었기에 온 세상이 그의 이야기에 귀를 기울였다.

그런 점에서 세상을 바꾸는 힘은 스토리에서 나온다고 할 수 있다. 오늘날 이솝이야기가 아직도 사람들의 입을 통해 구전되는 것을 보면 스토리의 힘이 얼마나 막강한지 알 수 있다.

그래서 세상과 소통하고 싶고, 세상을 바꾸고 싶다면 나만의 스토리텔링을 만드는 일에 정성을 쏟아야 한다.

미생, 아직 끝나지 않았다

바둑과 같은 삶

지금까지 알파고가 나오기까지의 비하인드 스토리와 하사비스의 치열했던 삶을 돌아보았다.

또한 그의 삶을 통해 우리가 배워야 할 점은 무엇이고 그것을 달성하기 위한 실천적인 방안도 찾아보았다.

그의 삶은 한판의 바둑과도 같다고 할 수 있다. 체스판으로 시작된 그의 인생이 바둑판에서 빛을 본 셈이라고 할 수 있다.

그의 파란만장한 삶을 바둑으로 한번 풀어보자.

1수 : 착수(스타포인트)

최초로 그가 두었던 점은 스타포인트(화점)였는데, 그것은 바로 체스였다. 그가 말한 알파고가 첫수로 놓기 좋아하는 지점이다. 그는 13살의 어린 나이에 체스 신동으로 불려지면서 세계 체스 챔피언 2위로 올라선다. 누가봐도 촉망받는 체스 선수로서의 미래가 보이는 듯했다.

마치 스타포인트라는 단어의 어감처럼 그는 체스계의 스타로 부
상한다.

2수 : 변칙수

하지만 그는 그 돌을 거두고 전혀 엉뚱한 곳에 돌을 둔다. 그
것은 게임 개발자로서 피터 몰리뉴의 회사인 불프로그 스튜디오
에 들어간 것이다.

범인들이 보기에는 전혀 이해할 수 없는 수였다. 체스 선수로
서 안정적인 곳에 돌을 놓지 않고 적진 깊숙한 곳에 착수한 것이다.

그는 인공지능이라는 대마를 잡기 위해 수십 수를 내다 본 듯
하다. 그의 말대로 그가 15살의 나이에 게임 개발을 시작했을 때
부터 인공지능에 대한 그의 열정이 시작된 것이다.

다른 사람들이 보기에는 변칙수였어도 그에게는 체스 마스
터에서 인공지능 게임 개발자가 되기 위한 고도의 승부수였던 셈
이다.

3수 : 집

그리고 그는 차곡차곡 집을 쌓아나간다. 오늘날 희대의 역작
이자 일부 장르의 시초가 된 테마파크, 블랙 앤 화이트라는 게임
을 개발한 것이다. 그는 여기서 AI(인공지능) 레벨 디자이너이자
수석 디자이너로서 인공지능 개발에 몰두한다.

그는 게임을 인공지능이 넘어야 할 산으로 보았다. 직관과 창
의성이 요구되는 게임이이야말로 인공지능을 구현하는 최고의
대상이었던 것이다.

또 블랙 앤 화이트 게임을 개발할 때는 인공지능 크리처가 플레이어의 선택에 따라 선과 악으로 갈리는 점을 구현하면서 인공지능의 윤리를 묻게 된다.

4수 : 우회수

그런데 그는 크게 서두르는 법이 없었다. 필요에 따라 컴퓨터 공학을 배우기 위해 케임브리지 대학에 들어갔고, 뇌 인지 과학을 배우기 위해서는 유니버시티 칼리지 런던에 들어갔다.

대마를 잡기 위해 맹목적으로 쫓지 않고 한발 물러나 실리를 취한 것이다. 2보 전진을 위한 1보 후퇴였다. 돌아가는 것처럼 보이지만 훗날 대마를 포위하는데 결정적인 역할을 한다.

여기서도 그는 '기억과 상상은 뇌의 한군데에서 일어난다.'는 변칙에 가까운 수를 놓으면서 인공지능에 대한 학문적 기초를 완성한다.

컴퓨터공학 지식에 뇌 인지 과학을 접목하여 인공지능의 전기를 마련한 것이다.

또한 그는 여기서 단순한 지식 외에 사람을 얻는다. 즉 케임브리지 대학에서는 데이비드 실버를 만났고, 유니버시트 칼리지 런던 시절에는 셰인 레그를 만나게 되는데, 훗날 이들과 딥마인드를 공동 설립하게 된다.

5수 : 사돌

여기서 그는 처음으로 돌을 잃는다. 즉 그가 세운 엘릭서 스튜디오를 폐업한 것이다.

그는 죽은 수에 미련을 갖지 않았다. 마이크로소프트사가 인수 제안을 할 정도로 버리기에는 아까운 돌이었지만, 거대 게임사의 틈바구니에서 더 이상 혁신을 지속하지 못할 바에야 차라리 버리는 수를 택한 것이다.

만일 그가 그 돌을 포기하지 않고 계속 살리고자 버둥거렸다면 대마를 잡기는커녕 얼마 못 가서 바둑판 위에 돌을 내려놓았을지도 모를 일이다.

하지만 결국 그는 그렇게 하지 않았고, 대의를 위해 돌을 내주게 된다.

또한 그는 이곳에서 만든, 시대를 너무 앞서간 게임 '리퍼블릭 : 더 레볼루션'과 '이블 지니어스'를 통해 시대에 어느 정도 발을 맞추며 앞서가는 법을 배우게 된다.

6수 : 신의 한 수

따악! 대마를 잡을 결정적 한 수, 그는 신의 한 수를 둔다. 승패에 영향을 주는 수다. 그 수는 말할 것도 없이 알파고 개발이었다. 그는 컨볼루션 신경망에 기반한 정책망과 가치망을 만들고, 기존 프로 바둑 기사의 3,000만 가지가 넘는 과거 기보를 알파고에 입력했다. 또한 가상 대국을 통한 딥러닝 강화학습을 통해 알파고가 스스로 학습하게 했다.

만일 그가 인공지능 궁극의 목적인 전 세계에 영향을 주는 기후나 의료용 인공지능 기술부터 선보였다면 오늘과 같은 초미의 관심은 받지 못했을 것이다. 하지만 그는 일반인들이 잘 알 만한 바둑을 가지고 알파고를 만들어서 인간과의 대국을 통해 인공지능의 미래를 선보이고자 노력했고, 그의 전략은 적중했다.

세상과 소통하고, 세상을 바꾸기 위한 그의 스토리텔링이 시작한 것이다.

7수 : 노림수

그리고 그는 이세돌 9단이라는 돌을 잡기 위해 한국으로 건너온다.

그가 인공지능이라는 대마를 잡기 위해서는 반드시 잡아야 할 돌이었다. 만일 이세돌을 잡지 못한다면 대마는커녕 거꾸로 자신의 수가 잡힐 수 있는 위험한 수이기도 했다. 즉 알파고가 질 수도 있는 깃이다.

하지만 그는 승패도 승패지만 인간 대 기계의 대결 구도로 끌고 가면서 전 세계적 관심과 심지어는 알파고 신드롬까지 만들게 되는데, 이때 이미 대국 결과를 떠나 절반의 성공인 흥행에 성공한 셈이었다.

그리고 결국 알파고의 승리로 끝이 나면서 이세돌 9단의 돌을 거두게 된다. 그의 노림수가 성공한 것이다. 이로써 그의 인공지능이라는 대마를 잡기 위한 길이 열리게 된다.

알파고가 아닌 하사비스의 성공

하사비스의 이번 승리는 결과만 보기에는 그 과정이 너무 드라마틱하다.

그는 한 수, 한 수를 그냥 둔 적이 없었다. 최초의 화점에 체스라는 돌을 두고 전혀 엉뚱한 곳에 게임 개발이라는 변칙수를 두었을 때 이미 그의 머리 속에는 전체 판이 다 그려져 있었는지도 모른다.

모든 수는 계산되었고, 그는 반드시 두어야 할 곳에 정확히 돌을 두었다. 그 모든 수가 향한 곳은 인공지능이라는 대마를 조준하고 있었던 것이다.

물론 직접 세운 회사를 폐업하면서 중간에 돌을 잃은 적도 있지만, 그는 거기서 좌절하거나 주저하지 않았다. 다시 학교로 돌아가 뇌 인지 과학을 배우는 등 부족한 집을 메우고 실리를 취하는 수를 두었다.

결국 알파고가 이세돌 9단으로부터 승리를 거둘 수 있었던 그 노림수는 한 수, 한 수를 쌓아올린 신의 한 수였던 셈이다.

미생, 아직 바둑은 끝나지 않았다

비록 알파고가 이세돌 9단을 이기기는 했지만, 그렇다고 해도 인공지능이라는 대마를 잡을 날은 까마득하다.

바둑에서는 아직 살았는지 죽었는지 알 수 없는 돌을 가리켜 미생이라고 부른다.

어쩌면 이번 대국으로 세가 우세해지기는 했지만, 궁극의 인공지능 실현은 미생과 같은지도 모른다.

하지만 하사비스의 바둑 같은 삶이 그동안 불모의 대명사인 인공지능의 가능성과 비전을 열어준 점은 부인할 수 없는 사실이다. 그의 다음 수가 기다려지는 대목이다.

참고 문헌

DeepMind : inside Google's super-brain / Wired, 2015.06.22

이세돌 알파고, 희망과 충격 안긴 '5차례 대국' / 뉴스엔, 2016.03.16

[뉴스BOX] 이세돌 vs 알파고…그들이 남긴 9가지 뒷이야기 / 포커스뉴스, 2016.03.22

[40雜s]"이 놈들 말 하나도 믿지 마세요"…알파고 뒤끝 / 머니투데이, 2016.03.17.

몰입 1(저자 황농문) / 알에이지코리아, 2007.12.10

[IT인물열전] '갓겜'을 개발한 알파고의 아버지, 데미스 하사비스 / 동아일보, 2016.03.11

[IT열쇳말] 알파고 / 블로터, 2016.02.18

"허사비스는 융합형 인재… 한국도 '학문 칸막이' 허물어야" / 동아일보, 2016.03.17

알파고, 이세돌 다음 상대로 커제 지목 "준비됐나?" / MTN, 2016.3.18

'알파고 아빠' 하사비스가 밝힌 '세기의 대결' 시사점은… / MTN, 2016.3.18

[알파고vs이세돌 4국]마크 저커버그 "알파고의 승리, 기념비적인 사건" / 아시아경제, 2016.03.13

출생

- 1976년 영국 런던 출생.

  그리스계 아버지와 중국계 어머니 사이에서 2남 2녀 중 장남으로 태어남.

학력

- 영국 GCE(General Certificate of Education, 고등학교 통합 졸업시험)에서 S-레벨(최상위권 받음)을 받고, 남들보다 2년 빠른 15살에 고등학교를 졸업함.
- 케임브리지 대학 퀸즈 칼리지에서 컴퓨터 과학 전공 및 최우등(Double First 등급)으로 졸업함. (1997년)
- 유니버시티 칼리지 런던 인지 과학 박사 학위 취득
  - 사고로 뇌의 해마가 손상 돼 기억 상실에 빠진 환자는 가상의 사건을 상상하지 못한다는 것을 확인한 논문 발표로 국제학술지 '사이언스'로부터 그 해의 세계 10대 과학 성과로 선정됨. (2007년)

체스 경력

- 8세 미만 아동 체스 대회 챔피언
- 11세 이하 체스 국가 대표팀 주장(당시 소련에 이어 세계 선수권 대회에서 준우승 차지)
- Elo Rating에서 2,300점을 받아 헝가리 출신의 주디트 폴가에 이어 세계 유소년 체스 2위 등극

회사 경력

- 불프로그 스튜디오 / 레벨 디자이너
  - '신디케이트' 개발
  - '테마파크' 공동 개발자로 이름을 올림. (1992년)
- 라이온헤드 스튜디오 / 리드 AI 수석 디자이너
  - '블랙 앤 화이트' 개발
- 엘릭서 스튜디오 창업 (1998년) / CEO
  - '리퍼블릭 : 더 레볼루션', '이블 지니어스' 제작
- 엘릭서 스튜디오 폐업 (2004년)
- 딥마인드 테크놀로지 설립 (2011년) / CEO
- 현재 구글 딥마인드 CEO

기타

- 마인드 스포츠 올림피아드 5년 연속 세계 챔피언
- 영국왕립예술협회 특별 회원
- 뮬라드상 수상 (2014년)
  - * 뮬라드상: 자연과학, 엔지니어링, 기술 분야 등에서 영국의 번영을 위해 중요한 학술적 성과를 기록한 사람에게 영국왕립예술협회가 매년 수여하는 상

주요 사이트

- 하사비스 공식 사이트: http://www.demishassabis.com
- 하사비스 트위터: https://twitter.com/demishassabis
- 구글 딥마인드 공식 사이트: http://www.deepmind.com